Richard Aschberger/Bernhard Hager/Chr stian König /Gabriele Merwar

Hauptbahnhof Wiesbaden

Der Bahnhof für die Kur- und Landeshauptstadt

Inhalt

Vorwort   5

Wiesbaden Hauptbahnhof – ein verkannter Bahnhof ?   14

Planung der Sanierung und Instandsetzung der Gleishallen im Hauptbahnhof Wiesbaden   20

Sanierung über rollendem Rad   27

Die Züge der Zeit – der Hauptbahnhof im Spiegel des Eisenbahnverkehrs   30

Ihr Einkaufsbahnhof – gute Geschäfte, mehr erleben   34

Bildteil   35

Literatur / Impressum   96

Liebe Leserinnen und Leser,
herzlich willkommen im Hauptbahnhof Wiesbaden!

Vom kaiserlichen Bahnhof zur modernen Mobilitätsdrehscheibe – die hessische Kur- und Landeshauptstadt Wiesbaden hat eine lange und interessante Eisenbahn- und somit Bahnhofsgeschichte. In diesem Band erfahren Sie nicht nur mehr über die Entstehung und Entwicklung des Bahnhofs, der heute mit rund 500 Zughalten pro Tag der zentrale Verkehrsknotenpunkt der Stadt ist. Imposante Fotos vermitteln auch einen Eindruck der aufwendigen Sanierung der Gleishallen unter rollendem Rad. Mit der Renovierung, die Ende 2013 abgeschlossen wurde, erhielt die Station weitgehend ihr ursprüngliches Aussehen zurück.

Der heutige Hauptbahnhof wurde zwischen 1904 und 1906 errichtet und ersetzte damals die Stationen Taunusbahnhof, Rheinbahnhof und Ludwigsbahnhof. Mit seinen aufwendigen Formen im neobarocken Stil entsprach er damit dem Repräsentationsbedürfnis der damaligen Weltkurstadt und bot dem alljährlich anreisenden Kaiser Wilhelm II. einen würdigen Empfang.

110 Jahre nach dem Bau des Bahnhofs befinden wir uns im mobilen Zeitalter. Der Hauptbahnhof ist nicht mehr nur Tor zwischen Bahn und Stadt. Die Menschen bewegen sich mit verschiedensten Verkehrsmitteln fort, zwischen denen sie flexibel wechseln. Dank seiner zentralen Lage kommt dem Bahnhof heute mehr denn je die Rolle einer multimodalen Schnittstelle zu. Dafür ist Wiesbaden ein gelungenes Vorbild. Zuallererst bietet der Hauptbahnhof den täglich über 30.000 Reisenden den Zugang zum System Bahn – die Nahverkehrslinien bringen viele Pendler nach Frankfurt am Main sowie Passagiere zum Flughafen Frankfurt. Umsteigen können die Reisenden nahe des Bahnhofs zudem in den Stadt- und Fernbus. Wer am Bahnhof vom Auto oder vom Zweirad umsteigt, findet ein großzügiges Angebot an Parkplätzen und eine Fahrradabstellanlage. Daneben besteht die Möglichkeit, ein E-Bike zu mieten oder das Rad in der städtischen Fahrradwerkstatt zur Reparatur zu bringen. Für diejenigen, die per Auto nur schnell die Liebste oder den Liebsten absetzen möchten, stehen „kiss&ride"-Parkplätze zur Verfügung.

Darüber hinaus ist der Hauptbahnhof Wiesbaden ein attraktiver Einkaufs- und Erlebnisbahnhof. Über 25 Mieter bieten an 365 Tagen im Jahr den Reisenden und Besuchern aber auch den Einwohnern der Landeshauptstadt ein vielfältiges Angebot an Gastronomie, Reisebedarf und Servicedienstleistungen. Ergänzt wird das Serviceangebot am Hauptbahnhof Wiesbaden sowie an über 125 weiteren Bahnhöfen in Deutschland durch unsere Hotspots für 30 Minuten kostenloses WLAN zur individuellen Nutzung. Die Nähe zur Innenstadt macht den Hauptbahnhof Wiesbaden zu einem städtischen Zentrum und attraktiven Bürostandort.

Um die Bahnhofsentwicklung auch in Zukunft erfolgreich voranzutreiben, ist eine gute Kooperation mit der öffentlichen Hand unabdingbar. Die in Wiesbaden praktizierte enge Zusammenarbeit zwischen Bund, Land, Stadt und Bahn wird auch künftig der Schlüssel für unseren gemeinsamen Erfolg sein.

Ich wünsche Ihnen allzeit einen angenehmen Aufenthalt am Hauptbahnhof Wiesbaden.

Dr. André Zeug ist Vorstandsvorsitzender der DB Station&Service AG

Der Wiesbadener Hauptbahnhof spielt für den öffentlichen Personennah- und -fernverkehr eine immens wichtige Rolle. Als Umsteigeknotenpunkt zwischen dem schienengebundenen Verkehr (Fernzüge sowie S-Bahnen und Regionalzüge) einerseits und dem straßengebundenen Verkehr (lokale und regionale Linienbusse sowie Fernbusse) andererseits kommt ihm gerade mit Blick auf die täglichen Pendlerströme ein enormes Gewicht zu.

Rund 25.000 Fahrgäste sind es allein, die hier an einem normalen Wochentag in die Linienbusse der kommunalen ESWE Verkehrsgesellschaft ein- oder aussteigen. Den Großteil der Fahrgäste machen Berufspendler aus – was nicht überrascht, wenn man sich vergegenwärtigt, dass mehr als die Hälfte der in Wiesbaden arbeitenden Menschen außerhalb des Stadtgebiets wohnen.

Darüber hinaus zählt die Haltestelle „Hauptbahnhof" mit ihren zehn Bussteigen für den städtischen und regionalen Linienverkehr zu den größten ÖPNV-Haltestellen im Wiesbadener Stadtgebiet. Da der Hauptbahnhof in seiner Funktion als Entree zum Stadtzentrum auch eine „Visitenkarte" der Landeshauptstadt darstellt, hat die Stadt Wiesbaden in den zurückliegenden Jahren den Bahnhofsvorplatz und zwei der Bussteige aufwendig saniert und umgestaltet.

Anders als für den Pendler und Durchgangsreisenden der heutigen Zeit hatte das Reisen in den Anfängen des Eisenbahnverkehrs einen besonderen Stellenwert. Eine Fahrt mit dem Zug war Abenteuer und Luxus zugleich und nur vergleichsweise wenigen Privilegierten vorbehalten. Entsprechend bemüht waren die Eisenbahngesellschaften, vor allem den Ansprüchen ihrer adligen und großbürgerlichen Kundschaft durch maximalen Komfort und Exklusivität Genüge zu leisten. Bahnhofsgebäude hatten sich im Laufe des 19. Jahrhunderts zu einer der spannendsten und repräsentativsten Bauaufgaben der Städte entwickelt. Sie waren gleichsam die neuen Stadttore. Durch sie betrat der Reisende die Stadt.

Der neue „Haupt- und Zentralbahnhof", wie der Wiesbadener Hauptbahnhof ursprünglich genannt wurde, ersetzte drei Vorgänger: den Taunusbahnhof, den Rheinbahnhof und den Ludwigsbahnhof. Er rückte weiter nach Süden an den Rand der von Alexander Fach geplanten Stadterweiterung, deren herausragendstes Merkmal eine Ringstraße war – ganz nach dem großen Vorbild Wien angelegt und begleitet von monumentalen öffentlichen Bauwerken.

Kaiser Wilhelm II. ließ es sich nicht nehmen, auf die Gestaltung des Bahnhofneubaus Einfluss zu nehmen, der in den Jahren 1904 bis 1906 nach dem Entwurf von Professor Friedrich Klingholz errichtet wurde. Wilhelm II., der den Eröffnungsfeierlichkeiten selbstverständlich beiwohnte, gab wohl die Anregung, nicht nur den Uhrenturm zu erhöhen, sondern auch roten Sandstein zu verwenden und dem Bauwerk die kontrastierende grüne Dacheindeckung zu geben. Der neobarocke Baustil war ganz nach des Kaisers Geschmack und der neue Wiesbadener Hauptbahnhof galt den Zeitgenossen bei seiner Eröffnung im Jahr 1906 als einer der schönsten Bahnhöfe Deutschlands.

Bis heute behauptet sich der Bau mit dem rund 40 Meter hohen Uhrturm als Wegmarke markant im Stadtbild und schafft durch die mehransichtige Fassade wichtige gestalterische Bezüge in den Stadtraum. Der Bahnhof steht aus künstlerischen, städtebaulichen und technikgeschichtlichen Gründen unter Denkmalschutz. Von der ursprünglichen Pracht ist allerdings vieles nicht mehr erhalten: Dem Zweiten Weltkrieg fielen der Kaiserpavillon und weitere Gebäudeteile zum Opfer.

Umso wichtiger ist es, diesen bedeutenden Zeitzeugen einer vergangenen Epoche in seiner Einzigartigkeit zu würdigen und entsprechend respektvoll mit ihm umzugehen. Die unverändert beeindruckende Gleishalle, in den letzten Jahren nach denkmalpflegerischen Grundsätzen instandgesetzt, die Eingangshalle und die prachtvolle äußere Erscheinung stellen auch für die heutigen, nicht mehr allein auf das Bahnreisen ausgerichteten Nutzungsanforderungen ein bestens geeignetes und vor allem einzigartiges Ambiente dar. Dem heute eilig im Vorbeihuschen gerade noch nach seinem Coffee-to-go, seinem Croissant und seiner Zeitung greifenden Berufspendler oder dem Urlaubsreisenden auf seinem Weg zum Flughafen entgeht allzu oft, was der Kurgast vor einhundert Jahren noch bestaunte: Erhabenheit, Würde, technische Finesse, Kunstfertigkeit und Wertigkeit von Konstruktion, Gestalt und Dekor. Trotz aller Hektik lohnt es sich, ab und an einen Moment innezuhalten und dem alten Bauwerk etwas Aufmerksamkeit zu schenken. Dann kann es viele Geschichten aus seinem langen Leben erzählen.

Stadträtin Sigrid Möricke ist Dezernentin für Stadtentwicklung, Bau und Verkehr

Was für einen Bahnhof braucht eine vornehme Bäderstadt, um höchste Honoratioren an ihrem Urlaubsort zu begrüßen – Staatsoberhäupter, berühmte Schauspieler und Dichter, jährlich 130.000 Fremde und Kurgäste? Diese Frage werden sich 1897 zu Planungsbeginn die Architekten der Frankfurter Eisenbahndirektion gestellt haben.

Die Antwort war: So ein Bahnhof muss aussehen – eben wie wir heute den glanzvoll wieder hergestellten Wiesbadener Hauptbahnhof kennen! Elegant und repräsentativ, aber auch funktional muss er sein, damit die noblen Fahrgäste sich sofort wohl fühlen und z.B. schnell in die Droschken des Individual- bzw. öffentlichen Verkehrs umsteigen können. Der Bahnhof sollte – was bei einem Kopfbahnhof natürlich geht – ohne Treppen ausgeführt werden, „zur großen Bequemlichkeit der Reisenden, insbesondere der vielen Kranken, die in Wiesbaden Heilung suchen" [Zeitschrift für Bauwesen, 1908]. Der Hauptausgang und die VIP-Lounge (der Fürstenpavillon) sollte zum neuen repräsentativen Stadtentree, dem Kaiserplatz, im Osten ausgerichtet sein; Postgebäude und Stückguthalle können sich dann in maximaler Entfernung im Westen finden, in der Nähe von (Nahverkehr-) Nebeneingang und Warteraum IV. Klasse, wo aus dem Umland die Besucher des Wiesbadener Marktes ein- und ausgehen.

Die Fassade an der stadtzugewandten Schauseite des Bahnhofs fällt konservativ-repräsentativ aus, eher barock an den markanten Hauptbauteilen. Keine Experimente am Urlaubsort des preußischen Kaisers, mag man sich damals bei der Eisenbahn gesagt haben, obgleich zum Eröffnungszeitpunkt 1906 schon der Jugendstil die modernere Alternative wurde und entsprechend auch den nur wenige Jahre jüngeren Hauptbahnhof des hessischen Großherzogs in Darmstadt prägt.

Entstanden ist bis 1906 in Wiesbaden eine Gesamterscheinung, die beeindruckt, dem Auge schmeichelt, die dauerhaft – auch mehr als 100 Jahre später noch – Identifikation mit dem Bahnhof erlaubt; darin werden sich bis heute die Reisenden, die Bürger von Wiesbaden und auch die Eisenbahner einig sein.

Mit dem Abschluss der Arbeiten zur Erneuerung des Hallendachs des Wiesbadener Hauptbahnhofs ist nun der letzte Schritt zur Runderneuerung dieses Bahnhofs der Landeshauptstadt abgeschlossen. Allein in den vergangenen 12 Jahren wurden über 60 Millionen Euro in den Bahnhof investiert. Mit etwa 35 Millionen Euro ist der überwiegende Teil der Mittel in die Erneuerung der Hallendächer und ihren Sandstein-Fassaden geflossen.

Gut angelegtes Geld, auch aus verkehrlicher Sicht: Mit rund etwa 500 Zugbewegungen und 35.000 Reisenden täglich zählt der Wiesbadener Hauptbahnhof nach dem Frankfurter und zusammen mit dem Darmstädter Hauptbahnhof zu den drei bedeutendsten Personenbahnhöfen in Hessen.

Das nun zu bestaunende Werk ist natürlich ein Gemeinschaftswerk von vielen, die geholfen und gefördert haben. Dank gebührt zuvorderst dem Bund, dem Land Hessen, der Stadt Wiesbaden, dem Rhein-Main-Verkehrsverbund und auch unserer DB Station&Service AG, die alle Beteiligten zusammengeführt hat, um all dies umsetzen zu können. Unser Dank gilt schließlich auch den Kollegen im Bahnhofsmanagement, die jeden Tag dafür sorgen, dass der Bahnhof seine Vitalität auch im zweiten Jahrhundert seines Bestehens behält und damit ein Stück Eisenbahngeschichte lebendig halten.

Dr. Klaus Vornhusen ist Konzernbevollmächtigter der Deutschen Bahn AG für das Land Hessen

Wiesbaden zählt als Landeshauptstadt von Hessen mit seinen 15 Thermal- und Mineralquellen zu einem der ältesten Kurbäder Europas. Die zweitgrößte Stadt Hessens ist jedoch nicht nur wegen ihrer Kurvielfalt ein gern besuchtes Reiseziel. Touristen aus aller Welt besuchen Wiesbaden aufgrund des breiten Spektrums an Sehenswürdigkeiten.

Als Hauptverkehrsknotenpunkt der hessischen Landeshauptstadt begrüßt der Wiesbadener Hauptbahnhof täglich etwa 35.000 Reisende. Gemessen an der Passagierzahl steht er neben dem Darmstädter und hinter dem Frankfurter Hauptbahnhof an dritter Stelle in Hessen. Mit der Eröffnung 1906 im Ostbezirk Südost ersetzte der Wiesbadener Hauptbahnhof drei Bahnhöfe in der Innenstadt, welche damals im Bereich des heutigen Messegeländes und des Landesmuseums standen.

Der Neubau war notwendig geworden, weil die Zahl der Reisenden in der aufstrebenden Kurstadt ständig zugenommen hatte. In der Formensprache des Späthistorismus mit Spuren der Neorenaissance und Gebäudeschmuck mit Motiven der Rheinromantik entsprach das neue Bahnhofsgebäude nicht nur damals dem Repräsentationsbedürfnis der Weltkurstadt, sondern ist auch heute noch ein Aushängeschild für die Landeshauptstadt Wiesbaden. Seit der Inbetriebnahme wurden mehrfach Arbeiten an dem Gebäude durchgeführt. Die umfassendsten Maßnahmen erfolgten von 2002 bis 2014. In drei Projekten wurden für über 60 Mio. Euro das Empfangsgebäude, der Vorplatz (mit der Stadt Wiesbaden) und jetzt das Hallendach saniert und modernisiert.

Bemerkenswert ist die Erneuerung des Hallendaches „über rollendem Rad", das den Kompetenzen und der guten Zusammenarbeit der Projektleiter und den beteiligten Unternehmen zu verdanken ist. Die abschnittsweisen Umbaumaßnahmen der fünf Hallendächer mit Spannweiten zwischen 35 und 51 Metern

konnten mit einem dadurch kaum beeinträchtigten Verkehrsfluss durchgeführt werden. Die umfassende Sanierung des Hallendaches lässt die alte architektonische Pracht des Wiesbadener Hauptbahnhofs heute in neuem Glanz erstrahlen.

Der Hauptbahnhof ist nicht nur das Zugangstor zum System Bahn, sondern auch ein wegweisendes Zentrum der Mobilität und ein beliebter Ort der Begegnung. Als Visitenkarte der Stadt Wiesbaden entwickelte er sich über die letzten Jahre zunehmend zu einem urbanen Einkaufs- und Dienstleistungszentrum. Nach Sanierung und Modernisierung des Empfangsgebäudes 2002 bis 2004 ist der Hauptbahnhof kontinuierlich um Geschäfte erweitert worden, sodass hier auch außerhalb der üblichen Öffnungszeiten eingekauft werden kann. Wir, die DB Station&Service AG, stellen die Weichen für diese Entwicklung und schaffen Orte, die zum Verweilen einladen.

Der Wiesbadener Hauptbahnhof präsentiert sich modern und orientiert sich an den Wünschen der Reisenden. Als integraler Bestandteil der hessischen Landeshauptstadt ist er mehr als ein Ort der Mobilität, er ist ein Treffpunkt und ein Marktplatz. Ich wünsche mir, dass der Hauptbahnhof auch weiterhin von unseren Kunden als ein attraktiver und angenehmer Ort des Aufenthalts erlebt wird.

Susanne Kosinsky ist Leiterin des Regionalbereichs Mitte der DB Station&Service AG

10:36　WI-Erbenheim - WI-Igstadt -　　10
VEC 25620　Auringen-Medenb

Niedernhausen

Der Wiesbadener Hauptbahnhof erhält 114 Jahre nach seiner Erstellung ein saniertes und modernisiertes Hallendach. Stolz sind wir besonders auf die Umsetzung im Zeit- und Budgetrahmen. Das ist doch selbstverständlich, werden Sie denken oder sagen. Ja, das stimmt auch. Trotzdem ist es notwendig, die Erfolgsfaktoren aufzuzählen, damit wir künftig diese Selbstverständlichkeit wiederholen können. Das Hallendach wurde nicht irgendwo auf der grünen Wiese hinter dem Bauzaun erstellt, sondern über rollendem Rad und musste dabei immer noch die Funktion eines schützenden Daches erfüllen.

Das Projekt wurde bzgl. Zeit und finanziellem Aufwand realistisch kalkuliert. Das verhinderte Überraschungen, die Geld und Vertrauen kosten und den Bahnbetrieb behindern. Möglich machte dies die Kompetenz der Projektleitung und der beteiligten mittelständischen Unternehmen und Konzerne.

Gerade in der Planungsphase, in der der Zustand des bestehenden Hallendaches analysiert wurde, wurde aus heutiger Sicht alles richtig gemacht: Bewertung des Anlagenzustandes, finanzielle Kalkulation, Festlegung des Bauverfahrens und der Logistik. Kreativ war die Lösung mit quer und längs verfahrbaren Arbeits- und Schutzplattformen, die gleichzeitig als Arbeitsbühne in dem gerade umzubauenden Hallendach dienten und den Bahnbetrieb mit den über 35.000 Reisenden schützten.

Der eigentliche Umbau war von vertrauensvoller Zusammenarbeit geprägt, die über vertragliche Regelungen nicht erzwungen werden kann, sondern von den handelnden Personen abhängt. Gerade als Bauherr freue ich mich, dass bei Problemen direkt miteinander gesprochen und Lösungen gefunden wurden.

Mit dem grundlegend erneuerten Hallendach schließen wir den dritten Abschnitt zur Modernisierung des Hauptbahnhofes ab. Vorangegangen sind die Vorplatzgestaltung und die Sanierung des denkmalgeschützten Empfangsgebäudes mit dem Querbahnsteig für einen sehr hohen zweistelligen Millionenbetrag. Dies war notwendig, damit der Hauptbahnhof Wiesbaden für die Reisenden attraktiv bleibt.

Unser Hauptbahnhof Wiesbaden ist mehr als nur eine Haltestelle, er ist eine Mobilitätsdrehscheibe und Knotenpunkt für den Stadt-, Nah-, Regional- und Fernverkehr auf Schiene und Straße für die Landeshauptstadt und ihrem Einzugsgebiet. Somit unverzichtbar für eine mobile und umweltbewusste Gesellschaft. Die Angebote für FahrradfahrerInnen und PKW-NutzerInnen sind attraktiv. Unter dem Hallendach bietet der Hauptbahnhof wettergeschützte Stellplätze für Fahrradfahrer und mit dem RADLER eine komplette Werkstatt für Zweiräder. Auch E-Bikes werden verliehen. Auf beiden Seiten der imposanten Bahnhofshalle werden 1.000 PKW-Parkplätze angeboten.

Diese Aufzählung verdeutlicht, mit welchem Aufwand wir Bahn betreiben. Wir erhalten ein über hundert Jahre altes, für die Landeshauptstadt repräsentatives Baudenkmal mit dem 100 Meter breiten und 200 Meter langen Hallendach, welches vor Regen, Schnee, kaltem Wind und praller Sonne schützt. Leistungsbereite Dienstleister sind am Tag und lange in der Nacht für unsere Reisenden im Einsatz, Toiletten sind mit Personal besetzt und im Reisezentrum erhalten Interessierte Beratung durch Mitarbeiterinnen und Mitarbeiter der Deutschen Bahn AG.

Allen Projektbeteiligten danke ich für ihren Einsatz, unseren Reisenden und MitarbeiterInnen für ihre Geduld. Unsere Kraft lenken wir jetzt in die Modernisierung der Wiesbadener Stadtteilbahnhöfe. Sie sollen barrierefrei ausgebaut werden.

Benjamin Schmidt ist Bahnhofsmanager des Hauptbahnhofs Wiesbaden

Der Hauptbahnhof Wiesbaden in einer Postkartenansicht aus dem Jahr 1912.

Hauptbahnhof Wiesbaden – ein verkannter Bahnhof?
.... Bernhard Hager

„Vom Bauvolumen und dem architektonischen Anspruch ist der Wiesbadener Hauptbahnhof ungewöhnlich groß, was vor allem auf Kaiser Wilhelm II. zurückzuführen ist… Zugleich entsprach der stattliche Bau dem Repräsentationsbedürfnis des Weltbades mit seinen vornehmen Kurgästen. Deshalb wurden auch neubarocke Formen in einem leuchtend roten Sandstein gewählt. Bedenkt man, daß in Wien bereits bis 1900 die 36 Stationen der Stadtbahn (…) in den klaren kubischen Formen des Jugendstils entstanden waren, erkennt man, wie stark Wiesbaden unter dem Kaiser und seiner konservativen Anhängerschaft am Späthistorismus festhielt. (…) Wie konservativ insgesamt die ganze Anlage ist, ergibt der Vergleich mit dem wenig später entstandenen Hauptbahnhof von Darmstadt (1908–11), einem Werk Friedrich Pützers, dem Wiesbaden die zur selben Zeit entstandene Lutherkirche verdankt." (Kiesow, Das verkannte Jahrhundert, S. 189, 190)

Ausführlich beschreibt Gottfried Kiesow in seiner 2005 erschienenen Monographie „Das verkannte Jahrhundert – der Historismus am Beispiel Wiesbadens" den Wiesbadener Hauptbahnhof.

Gottfried Kiesow (1931-2011), langjähriger Leiter des Landesamtes für Denkmalpflege Hessen und Begründer der Deutschen Stiftung Denkmalschutz, gilt zu Recht als einer der Väter des deutschen Denkmalschutzes der Gegenwart. Nicht hoch genug sind seine Verdienste hinsichtlich einer ab den 1970er Jahren einsetzenden Würdigung und Wertschätzung des Historismus einzuordnen. Den eigenständigen baukünstlerischen Wert der Spielarten des Historismus einer breiten Öffentlichkeit erfolgreich vermittelt zu haben, ist vielleicht die größte Leistung des mit der Stadt Wiesbaden über Jahrzehnte hinweg eng verbundenen Kunsthistorikers. Insoweit ist die Studie, aus der hier eingangs zitiert wurde, als eine Hommage Kiesows an seine Heimatstadt anzusehen.

Seine Charakterisierung des Wiesbadener Hauptbahnhofes fällt negativ aus. Bemängelt wird eine vergleichsweise konservative, sich nicht auf der Höhe der Zeit bewegende baukünstlerische Auffassung.

An anderer Stelle kritisiert Kiesow die Konzeption des Wiesbadener Hauptbahnhofes als Kopfbahnhof. Im Zusammenhang mit Planungen des in der Ägide der Weimarer Republik deutschlandweit renommierten Architekten und Städteplaners Hermann Jansen für Wiesbaden aus den späten 1920er Jahren ist zu lesen: „Jansens zweiter, noch weitsichtiger Vorschlag betraf den Hauptbahnhof, den er durch einen neuen Durchgangsbahnhof in Biebrich ersetzen wollte. Dadurch wäre es vermieden worden, den bahntechnisch ungünstigen Kopfbahnhof zur heutigen Bedeutungslosigkeit absinken zu lassen." (Ebenda, S. 31).

14

Damit hat Kiesow die beiden Aspekte benannt, die dem Wiesbadener Hauptbahnhof wiederholt zum Vorwurf gemacht worden sind – Vorwürfe, die denn auch nie auf Widersprüche stießen: Zum einen wird seine architektonische Ausgestaltung als rückständig charakterisiert, und zum anderen die Anlage als Kopfbahnhof als Fehlentscheidung eingestuft.

Sind indes beide Einschätzungen zutreffend? Lohnt es nicht, hier etwas näher hinzusehen und gegebenenfalls zu anderen Bewertungen zu kommen? Ist der Wiesbadener Hauptbahnhof vielleicht ein „verkannter Bahnhof", dessen positive Seiten nie ausreichend gewürdigt worden sind?

Zunächst jedoch gilt es, sich der historischen Entwicklung bis zum Bau des Hauptbahnhofes zuzuwenden – schließlich ist er mehr als ein halbes Jahrhundert nach der Inbetriebnahme der ersten Wiesbaden berührenden Bahnlinie eröffnet worden.

Vergleichsweise früh, nämlich 1839/40, entstand die private Taunusbahn von Frankfurt am Main über Höchst und Kastel nach Wiesbaden.

Wiesbaden war seinerzeit Haupt- und Residenzstadt des Herzogtums Nassau. Gleichzeitig ist Wiesbaden als mondänes Kurbad international bekannt gewesen.

1856/57 erbaute eine private Gesellschaft die Bahnlinie von Wiesbaden nach Rüdesheim. Seitens des Staates wurden bis 1863 die rechte Rheinstrecke Rüdesheim-Oberlahnstein und die Lahntalbahn Wetzlar-Limburg-Oberlahnstein erbaut. Später übernahm der Staat auch noch die Strecke von Wiesbaden nach Rüdesheim. An der seinerzeitigen Station Curve, dem heutigen Bahnhof Wiesbaden Ost, wurde 1862 eine Verbindung zwischen Taunusbahn und rechter Rheinstrecke angelegt.

Die Annexion von Nassau durch Preußen infolge des Deutschen Krieges von 1866 hatte eine Umwandlung der nassauischen Staatsbahn in eine des preußischen Staates zur Folge. Nach der Reichsgründung gelangte auch die Taunusbahn in preußischen Besitz.

Als nächstes trat eine im hessen-darmstädtischen Mainz ansässige Privatbahn mit namen Hessische Ludwigsbahn (HLB) auf. Sie nahm 1879 die Zweigbahn Wiesbaden-Niedernhausen zum Anschluss an die Main-Lahn-Bahn Limburg-Niedernhausen-Höchst (–Frankfurt am Main) in Betrieb. 1896/97 ist die HLB von Preußen und Hessen-Darmstadt verstaatlicht worden.

1889 eröffnete Preußen eine Nebenstrecke über den Taunuskamm nach Langenschwalbach, dem heutigen Bad Schwalbach, die 1894 bis Zollhaus (–Diez) verlängert wurde.

1904 entstand im Zusammenhang mit der zur Entlastung des Mainzer Hauptbahnhofes angelegten Umgehungsbahn Mainz (Strecke Bischofsheim-Mombach) eine Verbindung über den Rhein zwischen Wiesbaden und Mainz.

In Wiesbaden existierten an der Rheinstraße und damit am südlichen Ende des historischen Fünfecks drei Bahnhöfe nebeneinander: Am Standort des heutigen, 1920 fertiggestellten Museums befand sich der Bahnhof der Ludwigsbahn als Ausgangspunkt der Strecke nach Niedernhausen. Westlich hiervon, wo sich heute die Rhein-Main-Halle befindet, standen der Taunusbahnhof für die Linie Richtung Frankfurt und unmittelbar

Der alte Wiesbadener Bahnhof in einem zeitgenössischen Stahlstich um 1845.

Taunus- und Rheinbahnhof in einer Fotografie aus dem Jahr 1875. Das Empfangsgebäude des Taunusbahnhofs mit seinem charakteristischen Türmchen, die Bahnsteighallen und der Lokomotivschuppen sind gut zu erkennen. Am linken Bildrand angeschnitten, befindet sich das Empfangsgebäude des Rheinbahnhofes.

anschließend der Rheinbahnhof als Ausgangspunkt der rechten Rheinstrecke und der Langenschwalbacher Bahn. Diese drei Stationen waren beengt und wenig leistungsfähig.

Für Wiesbaden kam erschwerend die den naturräumlichen Besonderheiten geschuldete Randlage im Eisenbahnverkehr hinzu. Die Lage der Stadt in einem Talkessel, der sich nur nach Süden mit dem Salzbachtal öffnet, hat die Entstehung einer echten Knotenpunktfunktion zunächst verhindert. In erster Linie waren die drei genannten Bahnhöfe nur Ausgangs- und Endpunkte im Schienenverkehr ohne Relevanz für den Durchgangsverkehr. Hinzu trat nach der Verstaatlichung der Taunusbahn die betriebliche Zusammenfassung von Taunusbahn und rechter Rheinstrecke im durchgehenden Verkehr über die kurze Verbindung beider Linien an der Station Curve: Wiesbaden wurde hierbei rechts liegen gelassen, die Streckenabschnitte von und nach der Bäderstadt zu zweitrangigen Linien erklärt.

In Wiesbaden, das auch und gerade nach der 1866 erfolgten Annexion Nassaus durch Preußen eine glänzende Entwicklung als nobler Kurort und zunehmend als Wohnquartier gehobener sozialer Schichten nahm, war man allerdings nicht gewillt, dies tatenlos hinzunehmen. Ende der 1870er Jahre begannen erste Planungen zur Verbesserung der Anbindung an den Schienenverkehr, die jedoch auf Desinteresse bei den Eisenbahnbehörden stießen.

Nun ergriff der von 1883 bis 1913 amtierende Wiesbadener Oberbürgermeister Carl von Ibell die Initiative: Seine glän-

zenden Kontakte zu Kaiser Wilhelm II. nutzend gelang es ihm, den an Wiesbaden stark interessierten Monarchen für das Bahnhofsprojekt zu begeistern. So konnte kurz vor der Jahrhundertwende der Bahnhofsneubau beginnen.

Vermutlich hatte das Wohlwollen des Kaisers nunmehr ein beachtliches Entgegenkommen der preußischen Staatsbahn im Hinblick auf die Belange Wiesbadens zur Folge: Zum einen wurde der Standort des neuen Hauptbahnhofes – 700 m südlich der vorhandenen Bahnhöfe an einer neuen Ringstraße – noch einmal nach Westen verschoben, um die Talsohle des Salzbachtales für künftige gewerbliche Entwicklungsprozesse freizuhalten. Hiermit war ein mit erheblichen Schwierigkeiten einhergehendes teilweises Abtragen des westlichen Talhanges am Melonenberg verbunden. Zum anderen wurde, entgegen der ursprünglichen Planungen, der Ortsgüterbahnhof nicht neben dem Hauptbahnhof, sondern weitab im Westen der Stadt, an der Dotzheimer Straße, angelegt. Mittlerweile ist dieser als Westbahnhof bezeichnete Ortsgüterbahnhof Vergangenheit.

Am 13. November 1906 erfolgte die feierliche Eröffnung des neuen Hauptbahnhofes. Zwei Tage später fuhr der erste planmäßige Zug ein.

Entstanden war ein Kopfbahnhof mit elf Bahnsteigen. Das außen in rotem und innen in gelbem Sandstein erstellte, aufwendig gestaltete Empfangsgebäude ist der Formensprache des Späthistorismus verpflichtet: Bei einer asymmetrischen Grundrissgestaltung finden sich Elemente des Neobarock, daneben aber auch Spuren der Neorenaissance und sogar Anmutungen an den Jugendstil. Diese wie die Asymmetrie der Anlage für den Späthistorismus so charakteristische Stilmischung hat schon den Zeitgenossen Kopfzerbrechen bereitet; so war etwa in einer Sonderbeilage des Wiesbadener Tagblattes zur Eröffnung von einem „geschickten Durcheinander von Barock, Renaissance und Jugendstil" zu lesen. Östlich des Haupteinganges setzt der 40 m hohe Uhrturm einen Akzent. Mächtig dimensioniert ist die an beiden Enden weit über die Baumasse des Empfangsgebäudes hinausragende Querbahnsteighalle mit einer Länge von 99 m, die von außen die Sicht auf die im Gegensatz zum Empfangsgebäude schmucklos und rein funktional gestaltete, fünfschiffige Bahnsteighalle verwehrt. Der maßgeblich für den prachtvollen Gesamteindruck verantwortliche, umfangreiche Gebäudeschmuck mit Figuren und allegorischen Darstellungen verwendet unter anderem Motive der Rheinromantik. Erwähnung verdient die „Mönch-Nonnen-Ziegeldeckung" des Daches mit grün glasierten „Mönchen" und naturroten „Nonnen". Von dem im Zweiten Weltkrieg zerstörten Fürstenpavillon an Gleis 1 ist zumindestens noch der Eingang am Bahnsteig erhalten geblieben.

Das Empfangsgebäude geht auf den Architekten Fritz Klingholz (1861–1921) zurück. Anders als etwa bei den Hauptbahnhöfen in Frankfurt und Darmstadt war in Wiesbaden kein Architektenwettbewerb vorgeschaltet. Klingholz zählte um die Jahrhundertwende zu den maßgeblichen Architekten in Sachen Bahnhofsbau im Wilhelminischen Kaiserreich. Erhalten sind unter anderem die auf ihn zurückgehenden Bahnhöfe in Lübeck und Travemünde. Maßgeblich hat er auch am 1904 eröffneten Bahnhof in Worms mitgewirkt.

Apropos Mitwirken: Hier darf Wilhelm II. nicht vergessen werden, der in die Planungen des Architekten massiv eingriff – die Höhe des Uhrturmes und die Ziegeldeckung des Daches dürften unmittelbar auf den Kaiser zurückgehen. Der Monarch hat dies wiederholt bei öffentlichen Bauten getan, so etwa, um im Rhein-Main-Raum zu verbleiben, auch beim 1907 fertiggestellten Neubau des Homburger Bahnhofes.

In den letzten Jahrzehnten ist die kunsthistorische Bewertung des Wiesbadener Hauptbahnhofes überwiegend negativ ausgefallen; die eingangs zitierte Bewertung von Kiesow ist insoweit repräsentativ. Ulrich Krings etwa schreibt in seiner 1985 erschienenen Studie zum Bahnhofsbau im Wilhelminischen Kaiserreich über Wiesbaden und den 1908 eröffneten Hauptbahnhof von Metz: Sie „mußten für die Ästhetiker des Bahnhofsbaues (...) einen Rückschritt bedeuten: Sie zeigten eine strikte Trennung des Architekten- vom Ingenieuranteil; die organische Verbindung der beiden Hauptteile des Bahnhofs, Empfangsgebäude und Perronhalle, war hier nicht einmal mehr versucht worden." (Krings, S. 66)

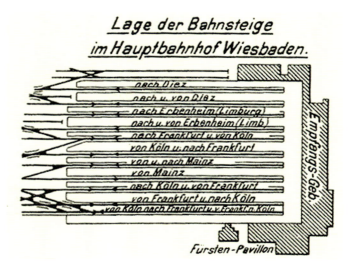

Lageplan des Wiesbadener Hauptbahnhof mit der Belegung der Bahnsteige.

Damit sind die beiden wesentlichen Kritikpunkte benannt: Kiesow sieht den Wiesbadener Hauptbahnhof als baukünstlerisch nicht auf der Höhe der Zeit an, während Krings den aus seiner Sicht im Falle von Wiesbaden ungelösten Konflikt zwischen Architektur (Empfangsgebäude) und ingeniöser Funktionalität (Bahnsteighalle) betont.

Lageplan der Bahnanlagen bei Wiesbaden.

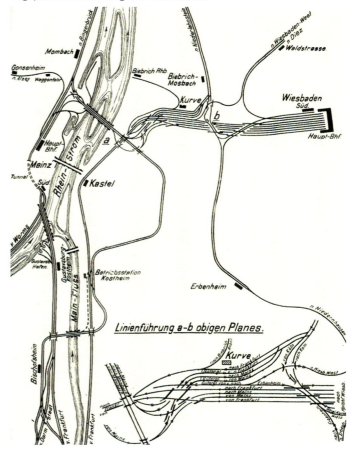

Die Jahrhundertwende war eine Epoche künstlerischer Umbrüche. In der Architektur kamen mit Jugendstil und früher Moderne neue Stilformen auf; der Späthistorismus neigte sich dem Ende zu. Im Umkehrschluss jedoch sollte dies bedeuten, einer auslaufenden Kunstspielart noch einmal Entfaltungsmöglichkeiten zuzuerkennen – und bei einer derartigen Betrachtungsweise ließe sich der Wiesbadener Hauptbahnhof als geglückter Vertreter des Späthistorismus interpretieren, zumal er unstreitig zu den bedeutendsten architektonischen Hinterlassenschaften der wilhelminischen Epoche in der Bäderstadt gilt. Wiesbaden war, in schroffem Gegensatz etwa zu Darmstadt, seinerzeit gesellschaftlich konservativ geprägt; Jugendstil und frühe Moderne wären hier fehl am Platz gewesen – abgesehen davon, dass das Empfangsgebäude ja vereinzelte Elemente des Jugendstils aufweist. Und das Kaschieren der vergleichsweise nüchternen Bahnsteighalle durch die Querbahnsteighalle lässt sich ebenfalls mit den Wiesbadener Besonderheiten erklären: In einer sich als elitäre Kurstadt und Wohnort wohlhabender Pensionäre verstehenden Großstadt sollte den Gast nichts an die triste Gegenwart des Industriezeitalters erinnern – der Anblick einer modernen, stählernen Bahnsteighalle hätte nun einmal die mit dem Wiesbadener Bahnhof verbundene Illusion eines Palastes oder eines Schlossbaues gestört.

Bleibt noch die Frage, ob ein Sackbahnhof anstelle eines – aus der Perspektive des Betriebes zweifelsfrei grundsätzlich günstigeren – Durchgangsbahnhofes die falsche Lösung für Wiesbaden war oder nicht. Die Kritik an der Anlage eines Kopfbahnhofes hat stets die genannten naturräumlichen Besonderheiten Wiesbadens ignoriert: Bei dieser Kessellage ist ein Durchgangs-

bahnhof von vornherein unmöglich. Nun hatte in den 1920er Jahren Hermann Jansen einen Durchgangsbahnhof in Biebrich vorgeschlagen. Dies wäre allerdings ein Zentralbahnhof für Biebrich und gegebenenfalls für Amöneburg geworden – nicht aber für Wiesbaden.

Hinzu kommt der weitgehend ausgeblendete betriebliche Charme des Wiesbadener Hauptbahnhofes. Seine Entstehung ist eng verbunden mit dem Bau der die Kaiserbrücke und die Mainbrücke Hochheim beinhaltenden Mainzer Umgehungsbahn – diese und der Wiesbadener Hauptbahnhof zusammen waren Teil eines hochkomplexen Umgestaltungsprozesses der Betriebsanlagen im westlichen Rhein-Main-Raum um die Jahrhundertwende, zu dem etwa auch der Ausbau des Bischofsheimer Rangierbahnhofes zählt. Die den Wiesbadener Hauptbahnhof berührenden Gleisanlagen sind so gestaltet, dass es bei durchlaufenden Reisezügen keine Rolle spielt, ob sie ihren Weg von und nach Köln rechts- oder linksrheinisch nehmen. Dies erst hat in der Ägide der Deutschen Bundesbahn die Führung von InterCity-Zügen zwischen Köln und Wiesbaden über die im Vergleich zur rechten günstiger trassierte linke Rheinstrecke und die Kaiserbrücke ermöglicht. Der immer wieder diskutierte Durchgangsbahnhof in Biebrich hätte indes den Fernreiseverkehr alternativlos auf die rechte Rheinstrecke orientiert.

Für den Wiesbadener Hauptbahnhof spricht ferner seine betriebliche Gestaltung nach dem Grundsatz des Richtungsbetriebes, bei dem die Gleisanlagen von vornherein im Interesse des durchlaufenden Verkehrs – also für Züge, die hier Zwischenstation machen – angelegt sind. Damit stand er technisch auf

der Höhe seiner Zeit; der nicht einmal zwanzig Jahre ältere Kopfbahnhof in Frankfurt am Main war noch dem Grundsatz des Linienbetriebes verpflichtet, bei dem von beginnenden und endenden, nicht aber von durchlaufenden Zügen ausgegangen worden ist. Nicht zuletzt deshalb ist der Frankfurter Hauptbahnhof bis heute ein erstrangiges betriebliches Nadelöhr.

Wenngleich der Wiesbadener Hauptbahnhof heute überdimensioniert wirkt, hat er jahrzehntelang aufgrund seiner großzügig bemessenen kapazitiven Ressourcen eine betriebliche Entlastungsfunktion in bezug auf den überbelegten Großknoten Frankfurt übernommen. Gleiches gilt im übrigen für den 1912

eröffneten, als Durchgangsbahnhof angelegten Darmstädter Hauptbahnhof. Aus der Sicht der Passagiere ist dies nicht nachteilig: Für den Reisenden der Gegenwart gestaltet sich das Aus-, Ein- oder Umsteigen in beiden Stationen denn auch unumstritten entspannter als etwa in den Hauptbahnhöfen von Frankfurt oder gar Hamburg.

Hauptbahnhof Wiesbaden – ein „verkannter Bahnhof"? Vielleicht hilft dieser Aufsatz ein wenig, seine baukünstlerischen und betriebstechnischen Pluspunkte stärker zu sehen als dies bisher der Fall gewesen ist.

Der Wartesaal III. und IV. Klasse im Hauptbahnhof Wiesbaden kurz nach der Eröffnung in einer Postkartenansicht von 1907.

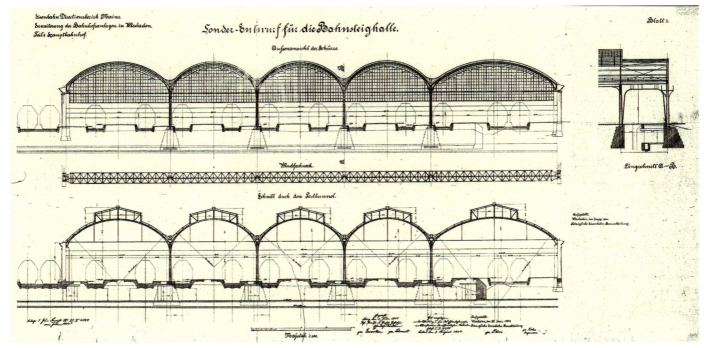

Historische Zeichnung „Sonder-Entwurf Bahnsteighalle" vom Juli 1904.

Planung der Sanierung und Instandsetzung der Gleislängshallen im Hauptbahnhof Wiesbaden
.... Richard Aschberger

Im Jahr 2009 erhielt die Weihermüller & Vogel Gesellschaft beratender Ingenieure mbH, Wiesbaden, von der DB Station&Service AG, Frankfurt am Main, den Auftrag für die Vorplanung der Sanierung der Gleislängshallen des Hauptbahnhofs Wiesbaden.

Der Auftrag im Rahmen der Vorplanung war, zu prüfen, ob die fünf Schiffe der Gleislängshallen mit den Abmessungen 190 m Länge und 99 m Breite saniert und ertüchtigt werden können oder ob sie durch einen Neubau ersetzt werden müssten (Bild Seite 21 unten).

Hierzu wurde ein Gutachten erstellt, das sich mit folgenden Fragestellungen befasste: Genügt die Konstruktion nach dem Stand der Technik den Anforderungen, z.B. durch Umwelteinwirkungen wie Wind, Schnee, Regenereignissen oder einem möglichen Brandszenario?

Weist der Anfang des zwanzigsten Jahrhunderts eingebaute Stahl noch genügend Festigkeit für weitere Jahrzehnte auf? Müssen Bauteile ausgetauscht werden? Welche Ersatzkonstruktionen genügen sowohl dem Denkmalschutz als auch den modernen technischen Standards?

Aus den Archiven der DB Station&Service AG wurden umfangreiche Bestandsunterlagen wie z.B. Konstruktionszeichnungen der Stahlbauteile sowie eine statische Berechnung zur Verfügung gestellt.

Außerdem lag vom zuständigen Bauwerksprüfer eine umfangreiche Schadensdokumentation über den Zustand der Gleislängshallen vor.

Die Unterlagen wurden gesichtet, sortiert und ausgewertet. Fehlende Informationen mussten durch Aufmaß und Fotografien während Ortsbesichtigungen ergänzt werden (Bild oben). Hauptbestandteil des zu erstellenden Gutachtens war die Anfertigung einer statischen Berechnung unter Berücksichtigung der aktuellen Berechnungsstandards, dem Zustand der Gleislängshallen infolge Korrosion, Schäden und Verformungen aus Kriegseinwirkungen und der Festigkeit des über hundert Jahre alten Materials und dessen Eigenschaften.

An mehreren Stellen der bestehenden Stahlkonstruktion wurden von der ISIB Dr. Möll GmbH, Darmstadt, Proben für ein Materialgutachten entnommen und an deren Institut untersucht. Das Ergebnis des Materialgutachtens zeigte, dass der Stahl zwar ähnliche Festigkeiten wie der heutige Stahl S235 aufweist, jedoch offenbarte die Untersuchung der Stahllegierung, dass das Material nicht schweißgeeignet ist. Dies bedeutete, dass aufgrund der Festigkeit des Materials ein Großteil der Stahlkonstruktionen erhalten bleiben konnte, allerdings waren Verstärkungen an den bestehenden Stahlkonstruktionen nur mit Schraub- oder Nietverbindungen möglich.

Für eine Standsicherheitsberechnung mit wirklichkeitsnahen Windeinwirkungen der Gleislängshallen konnten aus den Normen keine befriedigenden Angaben für diese Gebäudestruktur entnommen werden. Noch weniger waren Informationen darüber zu finden, welche Windeinwirkungen auf das gesamte Gebäudeensemble entstehen würden, wenn im Bauzustand nur noch ein Teil der Hallendacheindeckung vorhanden ist.

Um diese Fragen beantworten zu können wurde die Ingenieurgesellschaft Niemann & Partner GbR, Bochum, beauftragt im Rahmen eines windtechnologischen Gutachtens aerodynamische Untersuchungen zur Erfassung der statischen und dynamischen Windeinwirkungen an den Gleislängshallen durchzuführen. Im Zuge der Vorplanung wurde zunächst ein Vorgutachten erstellt, das eine Tendenz der Windeinwirkungen aufzeigte und für die statische Vorberechnung genügte.

Für das Hauptgutachten wurde der Bahnhof im Maßstab 1:200 nachgebaut und auf einer Drehscheibe montiert (Bild oben rechts). Durch eine winderzeugende Turbine konnte das Modell von allen Richtungen angeblasen werden. Im Innern des Modells und auf der Außenhaut wurden über 150 Druckmessstel-

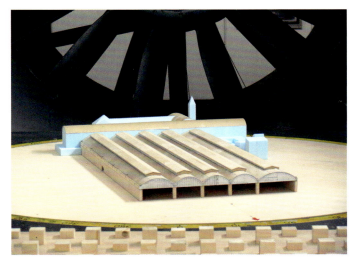

Versuche mit einem Modell der Gleishallen im Windkanal.

Grundriss der Gleishallen mit Maßen und Bezeichnungen von Gebäudeachsen, Hallenschiffen und Stützen.

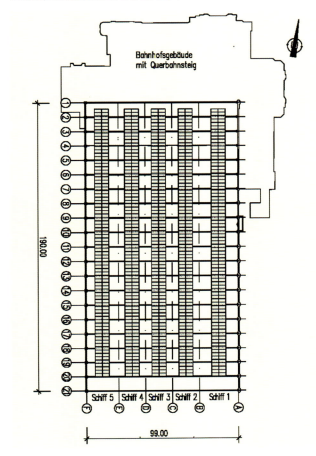

len eingebaut, um die für die Bemessung der Hallen statischen und dynamischen Ersatzlasten ermitteln zu können.

Weniger als drei Monate nach Auftragserteilung stand das Ergebnis der Voruntersuchung fest. Die Prüfung hatte ergeben, dass die Dacheindeckung, die Pfetten, die Dachaufbauten mit der Verglasung, die Fenster in den Längswänden und die Fenster an den Flächen der Giebelwände Nord und Süd zu erneuern sind (Bild Seite 22 oben).

Hingegen zeigte sich, dass die Stützen und Bögen der Gleislängshallen, eine genietete Stahlkonstruktion, erhalten bleiben konnte (Bild Seite 23). Hier waren lediglich Ertüchtigungs- und Verstärkungsmaßnahmen notwendig. Die Verstärkungsmaßnahmen wurden vor allem an den Stützenfüßen, die teilweise erhebliche Querschnittsverluste durch Korrosion aufwiesen, erforderlich (Bild unten).

Unten: Korrosion an einem Stützenfuß.

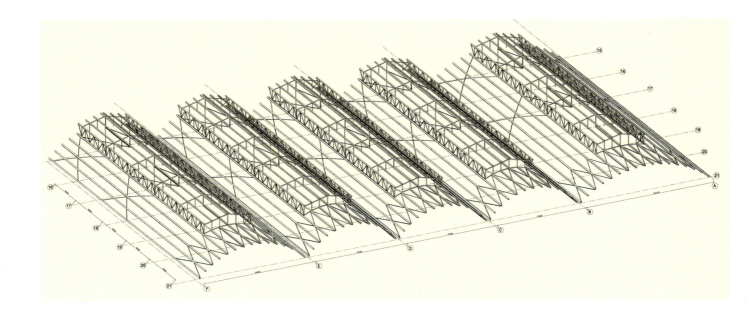

Die Bögen der äußeren Gleislängshallen liegen über Rollenlagern auf den, aus Sandstein gemauerten, Hallenlängswänden. Die Rollenlager waren zum Teil aus ihrer Führung gelaufen und durch Verkantungen oder Verschiebungen nicht mehr funktionstüchtig (Abbildung unten links, sowie nach Ersatz unten rechts).

Die Zugstangen der Unterspannung der Bogenbinder wiesen Defizite in ihrer Tragfähigkeit auf und mussten zusammen mit den Rollenlagern in allen Hallenabschnitten ersetzt werden.

Nachdem das Konzept und die Sanierungserfordernisse feststanden, wurde mit dem zuständigen Amt für Denkmalschutz in Wiesbaden festgelegt, wie die Auflagen einer denkmalgerechten Ausführung des unter Denkmalschutz stehenden Gebäudeensembles verwirklicht werden können.

Grundsätzlich sollte die Konstruktion weitestgehend so hergestellt werden, dass sie der ursprünglichen Konstruktion entsprach. Erscheinungsbild und Konstruktionsweise des Gebäudes sollten erhalten bleiben.

Die ursprüngliche Dacheindeckung bestand aus einer Dachabdichtung, die auf einer kreuzweise verbretterten Holzschalung aufgelegt war. Nach Recherchen in historischen Dokumenten war zu erkennen, dass die Holzschalung im Innern der Hallen ursprünglich eine gebrochen weiße Farbe aufwies, die sich allerdings im Laufe der Jahrzehnte durch den Ruß einfahrender Dampflokomotiven dunkel verfärbt hatte. Eine Wiederherstellung der Dacheindeckung mit Holz musste aus brandschutztechnischen Erfordernissen verworfen werden. Eine zweischalige Metalldacheindeckung mit einer dazwischenliegenden Isolationsschicht fand die Zustimmung des

An der Ablaufsicherung ausgelaufenes Lager (2010).

Neues Lager nach dem Einbau (September 2013).

Rechts: Historische Detailzeichnung Tragwerk der Überdachung der Gleishallen.

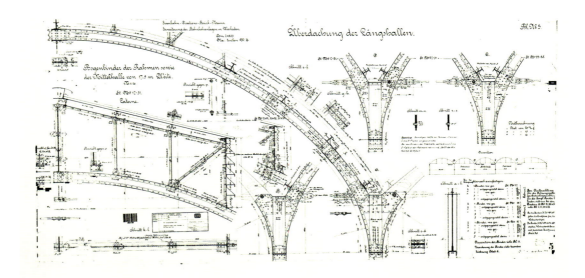

Links: Isometrie der neu zu erstellenden Stahlkonstruktion für die Dächer der Gleishallen.

Amtes für Denkmalschutz mit der Auflage, dass die im Halleninnern liegende Metallfläche optisch eine Bretterschalung nachzeichnete und die ursprüngliche helle Farbe aufgebracht wurde.

Die Dachaufbauten, die sogenannten Laternen, bestanden aus einer tragenden genieteten Fachwerkkonstruktion, deren Dach mit Drahtglasscheiben eingedeckt war und deren Seitenwände zum Teil mit drehbaren Fenstern oder mit Lamellen verkleidet waren. Diese Konstruktion zeigte nach den Untersuchungen Defizite bei den Standsicherheitsnachweisen unter Berücksichtigung der Querschnittsverluste durch Korrosion und den Einwirkungen aus Schnee- und Windlasten.

Der Wiederaufbau der Laternen musste an einigen Stellen verändert werden. Die alten Drahtglasscheiben wurden durch Zweischeibensicherheitsglas ersetzt. Die drehbaren Seitenfenster waren wegen Korrosion nicht mehr schließbar und boten der tragenden Stahlkonstruktion keinen Witterungsschutz (Abbildung unten links). Nach den Planungen des Brandschutzes wurde eine Fläche für den Rauchabzug erforderlich, die den Seitenflächen der Laternenwände entsprach und somit ständig offen gehalten werden müssten. Es wurde deshalb entschieden, dass die Seitenwände ausschließlich mit schräg stehenden Lamellen verkleidet werden und somit ausreichend Witterungsschutz und Entrauchungsfläche gewährleisten.

Weiter wurde festgelegt, dass die filigrane Fachwerkkonstruktion der Laternen aus stählernen Winkelprofilen mit geschweißten und geschraubten Verbindungen hergestellt werden können und auf Verbindungen mit aufwändigen Nietverbindungen verzichtet werden kann.

Detailansicht der Laternenkonstruktion vor der Sanierung.

Zweischeibenverglasung der erneuerten Laternenkonstruktion (2013).

Sanierte Tragkonstruktion im Hallenschiff 3. Die Unterseite des Daches ist mit hellen Trapezblechen verkleidet (2013).

Ein weiteres Ergebnis der Vorplanung war, dass die beiden fast 200 m langen Sandsteinwände der Gleislängshallen erhalten bleiben können, beschädigte Wandabschnitte saniert und die Wände behutsam gereinigt werden.

Die Fenster und Türkonstruktionen waren durch Korrosion jedoch so stark geschädigt, dass ein Neubau dieser Bauteile erforderlich wurde. Mit dem Amt für Denkmalschutz wurde festgelegt, dass an den Natursteinwänden nur beschädigte Wandabschnitte, die die Standsicherheit oder die Gebrauchstauglichkeit einschränken, durch neue Steine ersetzt werden. Dagegen können kleinere Beschädigungen wie beispielsweise Einschüsse aus Kriegseinwirkungen durchaus als Zeugnis der Geschichte bestehen bleiben.

Ende Juli 2009 wurde von DB Station&Service AG die europaweite Ausschreibung für die Generalplanungsleistungen veröffentlicht, mit dem Ergebnis, die Planungsleistungen im Oktober 2009 an die Weihermüller & Vogel Gesellschaft beratender Ingenieure mbH zu vergeben.

Ein Teil der Finanzierung des Projektes sollte im Rahmen des Konjunkturpaketes II erfolgen. Dies hatte zur Folge, dass ein erster Bauabschnitt der Baumaßnahme bis zu einem bestimmten Termin fertiggestellt sein musste. Als Meilensteine wurden folgende unveränderbaren Termine festgelegt: Die Abgabe der Ausschreibungsunterlagen zu den Generalplanungsleistungen

erfolgte im August 2010, der Beginn der Bauarbeiten war im November 2010. Die Fertigstellung der ersten zwei Hallenschiffe erfolgte im November 2011, die Fertigstellung der Bauarbeiten der Gesamtmaßnahme Mitte 2014.

Darüber hinaus musste die Bauablaufplanung so gestaltet werden, dass der Eisenbahnverkehr und der Personenverkehr innerhalb des Bahnhofes uneingeschränkt aufrechterhalten bleiben konnte.

Es war sicherzustellen, dass Flucht- und Rettungswege in allen Bauphasen frei bleiben und der Betrieb der Geschäfte in der Querhalle nicht beeinträchtigt wird.

Die Leistungen zur Generalplanung waren gegliedert in Leistungen zur Objektplanung, zur Tragwerksplanung, zur 50Hz Elektroplanung, zur Entwässerungsplanung, zur Brandschutzplanung, zur LST-(Leit- und Sicherungstechnik)-Planung, zur Sicherheits- und Gesundheitskoordination und zum Planmanagement.

Parallel wurden von der DB Projektbau GmbH die Planungen zur Erneuerung der Oberleitung durchgeführt.

Um Zeit zu gewinnen, sah das Konzept der Sanierungsmaßnahmen vor, dass ein Teil der Arbeiten bereits nach einer vorgezogenen Ausschreibung vergeben und begonnen werden

Sanierte Naturstein-
arbeiten der Wand
in der Gebäude-
achse F mit neuen
Fenstern und bereits
saniertem Tragwerk
und Dach im Hallen-
schiff 5 (2012).

Unten rechts:
Arbeitsplattform
über dem Hallen-
schiff 1 (2013).

konnte. Diese Maßnahmen waren die Sanierung der Stützen-
füße, die Erneuerung des Korrosionsschutzes der Stützen, die
Erneuerung der Fenster in den Längswänden A und F (vgl.
Plan Seite 21 unten links), sowie die Reinigung und Sanierung
der Natursteinarbeiten auf den Außenseiten der Längswände
(Abbildung oben).

Für die Hauptmaßnahme der Sanierungsarbeiten sollten die
Arbeiten am Hallendach nacheinander an jeweils einem Hallenschiff über die ganze Länge durchgeführt werden. Der Beginn
war für das westliche Schiff 5 vorgesehen. Da Eisenbahnbetrieb
und Personenverkehr aufrechterhalten werden mussten, wurde
oberhalb der vorher abgesenkten Oberleitung ein Arbeits- und
Schutzgerüst geplant, dessen Plattform mit einem staub- und
wasserdichten Belag abzudichten war (Abbildung rechts, Hallenschiff 1). Parallel wurde eine provisorische Dachentwässerung vorgesehen, um die darunter liegenden, bereits mit neuem
Korrosionsschutz sanierten Stützen vor schädlicher Feuchtig-
keitseinwirkung zu schützen.

Im Zuge der Planungen zu den Bau-Hauptmaßnahmen wurde
festgestellt, dass die gestiegenen Regenwasserniederschläge
von den bestehenden Entwässerungsleitungen nicht mehr aufgenommen werden konnten. Deshalb wurde neben der Erneuerung
der Hallendachentwässerung die Erneuerung der Tiefenentwässerung unter den Bahnsteigen erforderlich, außerdem der Neubau eines Regenrückhaltebeckens, das westlich außerhalb der

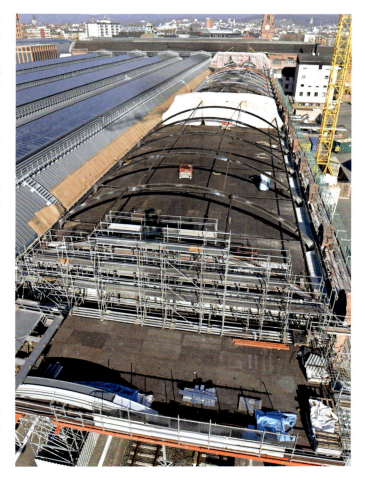

Das Hallenschiff 2 wirkt im April 2008 vor Beginn der Bauarbeiten düster und wenig einladend.

Halle unter dem Parkplatz angeordnet wurde. Für Reinigungs- und Inspektionsarbeiten auf dem Dach wurden für jedes Hallenschiff Laufstege über den Dachrinnen sowie eine Befahranlage, die sich über die Dachkuppeln wölbt, erforderlich.

Dank einer sehr konstruktiven Zusammenarbeit mit den Bauherrenvertretern von DB Station&Service AG, mit der Projektsteuerung der DB Projekt Bau GmbH, mit den Betriebsverantwortlichen der DB Netz AG und unseren Nachunternehmern konnten die Planungs- und Ausschreibungsleistungen fristgerecht beendet werden.

Der Beginn der Bauarbeiten zur Hauptmaßnahme erfolgte Ende 2010. Die Fertigstellung der Bauarbeiten der ersten zwei Hallenschiffe erfolgte im November 2011. Die Fertigstellung der Bauarbeiten der Gesamtmaßnahme erfolgte im November 2013.

Der Unterschied ist deutlich erkennbar: Im Hallenschiff 2 herrscht nach dem Abschluss der Bauarbeiten im Herbst 2013 eine freundliche Atmosphäre.

Bauen über rollendem Rad: die Arbeitsplattform im Hallenschiff 2. Darunter herrscht am 16. Juli 2013 planmäßig der Eisenbahnverkehr.

Sanierung über rollendem Rad

.... Gabriele Merwar

Der Hauptbahnhof Wiesbaden liegt am Kaiser-Friedrich-Ring in der Nähe des Stadtzentrums der hessischen Landeshauptstadt. Er ist ein Kopfbahnhof, der von Zügen des Nah- und Fernverkehrs über zehn Gleise aus Richtung Süden angefahren wird. Das in den Jahren 1904–1906 im Stil des Historismus erbaute Bahnhofsgebäude prägt das städtebauliche Erscheinungsbild. Der denkmalgeschützte Bahnhof besteht aus dem Bahnhofsgebäude, einigen Nebengebäuden sowie der Bahnsteighalle, die unmittelbar an die Querhalle angrenzt. Die Gleishalle ist eine über hundert Jahre alte Stahlkonstruktion mit fünf Hallenschiffen. Sie wurde in den Jahren 1905–06 errichtet.

In den vergangenen Jahrzehnten entstanden an der Hallenkonstruktion erhebliche Schäden durch die marode Dacheindeckung. Zudem waren immer noch Schäden vorhanden, deren Ursache in Bombeneinschlägen aus dem Zweiten Weltkrieg lag. Die Baumaßnahme sah daher vor, neben der Erneuerung der Dacheindeckung sowie der zugehörigen Entwässerungseinrichtungen auch die Stahltragkonstruktion in Teilen zu erneuern, die Natursteinfassaden instand zu setzen und die Verglasung der Bahnsteighallen zu erneuern.

Die Umsetzung aller Maßnahmen musste für die gesamte Bauzeit unter Aufrechterhaltung des Bahnbetriebes erfolgen. Lediglich für die Arbeiten im Gefahrenbereich der Gleisanlagen sowie für die Errichtung von Arbeits- und Schutzgerüsten waren Sperrpausen möglich.

Die Bauarbeiten gliederten sich in verschiedene Einzelmaßnahmen auf: Die Dachhaut wurde aufgrund der flächendeckenden Schäden vollständig erneuert und als wartungsarme zweischalige Metalleindeckung ausgeführt. Die Innenschale der Metalleindeckung besteht dabei aus einem Trapezblech, die Deckschale aus Aluminiumstehfalzblechtafeln. Zur Vermeidung von Tauwasseransammlung wurde an der Unterseite des Daches eine Zwischendämmung eingebracht.

Für die Innenschale wurde ein feingliedriges Trapezblech gewählt, das im Erscheinungsbild an die historisch vorhandene Holzverschalung erinnert. Ebenfalls mit historischem Bezug ist der helle Farbton sowie die Zinkbeschichtung der Deckschale. Die Materialauswahl und Farbgebung fand in enger Abstimmung mit dem Amt für Denkmalpflege statt.

Die Dachentwässerung wurde vollständig erneuert, das Rinnen- und Fallrohrsystem dem aktuellen Regelwerk angepasst. Über den Entwässerungsrinnen gibt es nun Laufroste, von denen aus die Wartung und Reinigung der Rinnen und Dacheinläufe vorgenommen werden kann ohne Schäden durch Betreten der Rinnen hervorzurufen.

Da die bisherigen Querschnitte der Entwässerungskanäle für die anzusetzenden Regenspenden nicht ausreichend dimensioniert waren, wurde eine komplett neue Tiefenentwässerung erstellt. Die Dachverglasung, die nun von einer Stahl-Aufsatzkonstruktion – den Laternen – getragen wird, wurde den aktuellen Sicherheitsanforderungen entsprechend mit Verbundsicherheitsglas ausgeführt.

Korrosion am Fuß einer Hallenstütze bei Beginn der Sanierungsarbeiten.

Sanierte Hallenstütze mit verstärktem Fundament, neuer Dachentwässerung und Korrosionsschutzanstrich.

Die Seiten- und Giebelwände der Laternen wurden mit Aluminiumblechen als Lamellenwand ausgeführt. Auch hier orientiert sich das Erscheinungsbild an dem historischen Original. Analog zur Dachhaut wurden die Oberflächen mit einer Zinkbeschichtung versehen.

Die Stahlkonstruktion der Laternenwand musste aufgrund der fehlenden Queraussteifung neu gebaut werden. Hierbei wurden Vergangenheit und Gegenwart miteinander verbunden: Optisch lehnt sich der Neubau an das bisherige Erscheinungsbild an; die geometrischen Randbedingungen sowie die Systemabmessungen der Laterne hingegen orientieren sich an der historischen Konstruktion.

Die neue Laternenkonstruktion wurde am Boden vormontiert und dann komplett, jeweils von Binder zu Binder, mit dem Kran eingehoben. Mittels einer eigens hierfür entwickelten Montagehilfskonstruktion, die die geplante Einbauzeit auf ein Drittel reduzierte, wurden dann die Gläser eingebaut.

Insbesondere in den Endfeldern waren die Querschnitte der Pfetten nicht mehr ausreichend tragfähig, sodass sie entfernt und durch neue Walzprofile ersetzt wurden.

Das Haupttragwerk der Stahlkonstruktion, bestehend aus den Bogenbindern, wurde im Bestand erhalten und nach dem Strahlen mit einem Korrosionsschutzanstrich versehen. Die freigelegten Stützenfüße im Bereich des Bahnsteigbelages und des Erdreiches wiesen zum Teil erhebliche Korrosionsschäden auf. Die Stützenfüße wurden mittels Verstärkungsbleche ertüchtigt,

um die Standsicherheit zu gewährleisten. Die Schäden an den Stützenfüßen wurden in vier Kategorien eingeteilt und die getroffenen Maßnahmen an jedem Stützenfuß wurden zeichnerisch dokumentiert.

Die Rollenlager mussten wegen der fehlenden Funktionsfähigkeit ausgetauscht werden. Die Geometrie orientierte sich dabei an den vorhandenen Randbedingungen der Stahlkonstruktion und Lagersockel.

Zunächst wurde die Fassade gereinigt. Im Anschluss wurden gebrochene, verschobene oder fehlende Steine aufgearbeitet bzw. erneuert. Dort, wo noch Schäden aus dem Zweiten Weltkrieg bestanden, wurde die Fassade durch Klinkermauerwerk wieder aufgebaut und verputzt.

Auch die stark beschädigten Fensterelemente der Seitenwände wurden ersetzt. Dabei wurden die Auflagen des Denkmalschutzes berücksichtigt und kleinformatige Scheibenteilung sowie Rahmenkonstruktionen aus Stahl mit geringer Profilbreite eingebaut.

Für den Ablauf der Bauarbeiten nicht ganz unerheblich war die Forderung, die Maßnahme „über rollendem Rad" durchzuführen.

Eine besondere Herausforderung bestand darin, die bereits seit der Errichtung in 1906 bestehenden Schäden zu beheben. Bei den Stützenfüßen fehlten teilweise die Ankerplatten oder auch Schrauben und stellenweise waren die Einschraubtiefen zu gering. Ein weiterer Punkt waren die Fertigungstoleranzen, in den Bereichen in denen die Neukonstruktion an den Bestand angeschlossen werden musste.

Die Arbeiten begannen im Oktober 2009 mit den vorbereitenden Planungs- und Baumaßnahmen für das Gesamtprojekt sowie mit den Baumaßnahmen in den ersten beiden Hallenschiffen.

Bis Dezember 2010 wurden folgende Teilbaumaßnahmen durchgeführt:
• Einbau der Führungsschienen zur Sicherstellung des Anprallschutzes in den Gleisen 3, 5, 7 und 9
• Instandsetzung der Fassaden inklusive der Verglasung
• Erneuerung der Entwässerung (Tiefbau) und Instandsetzung der Stützenfüße
• Umbau der Oberleitung auf Einzelmaste

Im Januar 2011 wurden die Arbeiten in dem Hallenschiff 5 aufgenommen. Da das darunter liegende Gleis für ca. ein halbes Jahr komplett gesperrt werden konnte, wurden die Arbeiten hier mit Hubsteigern ausgeführt. In dieser Zeit wurde das Arbeits- und Schutzgerüst für die Arbeiten an der Hallen- und Dachkonstruktion in den Hallenschiffen 4 bis 1 geplant und durch das Eisenbahn-Bundesamt genehmigt. Das Gerüst, das dem Bogenverlauf angepasst wurde, diente einerseits als Plattform für die erforderlichen Arbeiten, andererseits bot es Schutz vor möglicherweise herabfallenden Bauteilen und – nach dem Rückbau des Hallendachs – auch vor Witterungseinflüssen. Der Bahnbetrieb konnte unter der Gerüstplattform vollumfänglich aufrecht erhalten werden.

Die Gerüstplattform wurde auf eine Unterkonstruktion aus Trägern aufgelegt und konnte jeweils nach Fertigstellung einer Halle per Hand in die nächste Halle wie auf „Schienen" verschoben werden. Vor dem Einbau der Plattform wurde ein Feldversuch 1:1 durchgeführt, um sicher zu sein, dass das Verfahren auch wie geplant funktioniert.

Die Abfolge der Arbeiten an der Hallenkonstruktion war immer folgende: Entfernen der bestehenden Dacheindeckung und der Verglasung; anschließend wurden die Pfetten ausgebaut und stabilisierende Maßnahmen, für die Altmaterial verwendet wurde, durchgeführt. Dann erfolgte das Einhausen und Strahlen sowie die Aufbringung des Korrossionsschutzes auf die Bogenbinder. Daraufhin wurden die Schürzen an den Längsseiten komplett erneuert, parallel lief der Neuaufbau des Daches mit seiner Unterkonstruktion. Die neu eingebauten Stahlteile wurden bereits mit Korrosionsschutzbeschichtung angeliefert.

Die Bahnsteighallen 4 und 5 wurden Ende 2011 fertiggestellt. Die Hallenschiffe 3 bis 1 wurden während des zweiten Bauabschnittes, der von Januar 2012 bis November 2013 andauerte, erneuert. Durch den Einsatz des Arbeits- und Schutzgerüstes sowie einer Montagehilfskonstruktion für das Einbauen der Verglasung, ergänzt durch weitere, nur für diese Maßnahme entwickelte Arbeitserleichterungen, war es möglich, die geplante Bauzeit um genau ein Jahr zu verkürzen.

Blick auf die Hallendächer im Jahr 2012: Die Hallenschiffe 5 und 4 sind bereits fertiggestellt (links), das Halleschiff 3 (Bildmitte) ist im Bau und die Schiffe 2 und 1 (rechts) befinden sich noch im Urzustand.

Der Hauptbahnhof Wiesbaden in einer Luftaufnahme aus dem Jahr 1926.

Die Züge der Zeit –
der Hauptbahnhof im Spiegel des Eisenbahnverkehrs
....Christian Bedeschinski

Das Eisenbahnzeitalter in Wiesbaden wurde 1840 mit der Einweihung des Taunusbahnhofs eingeleitet. Nur fünf Jahre nach
der Eröffnung der ersten deutschen Eisenbahn zwischen Nürn-
berg und Fürth nahm die Taunusbahn den Betrieb zwischen
Wiesbaden und Frankfurt auf. Im 1857 eröffneten Rheinbahnhof gelangten die Züge von Niederlahnstein kommend über die
rechte Rheinstrecke und Biebrich nach Wiesbaden. Vier Jahre
später eröffnete westlich dieser beiden Bahnhöfe der Ludwigsbahnhof. Er war der Ausgangspunkt der Ländchesbahn.

Auf beengtem Raum befanden sich nun drei Bahnhöfe, die
schon bald an ihre Kapazitätsgrenzen stießen. Die Zuglängen
waren gering, bedingt durch die kurzen Bahnsteige. Die Lokomotiven wurden von den drei Privatbahngesellschaften gestellt.

Schließlich entschloss man sich, einen neuen Bahnhof, den
Hauptbahnhof, nicht auf den alt angestammten Bahnhofs-Are-

alen zu errichten, sondern auf einer Fläche, die seinerzeit noch
südlich vor der Stadt lag, an der eben neu abgesteckten Ringstraße des Kaiser-Friedrich- und Bismarckrings.

Bei der Einweihung des Hauptbahnhofes mit seinen seinerzeit elf je 190 Meter langen Bahnsteighallen im Jahr 1906 ging
auch ein neu errichtetes Bahnbetriebswerk mit einem zunächst
13-ständigen Ringlokschuppen und einem 55 Meter hohen Was-
serturm in Betrieb. Sowohl die Abfertigung längerer Zuggarni-
turen als auch die Behandlung moderner und größerer Lokomotiven, die in Wiesbaden wendeten, war nun möglich.

Der Lokomotivpark wurde zunächst durch hessisch-preußische
Länderbahnbauarten beherrscht. Ende der 1920er und Anfang
der 1930er Jahre kamen zunehmend auch die neuen Einheits-
lokomotiven nach Wiesbaden. In den 1930er Jahren liefen die
berühmten Fernschnellzugverbindungen mehrheitlich über
Mainz, womit der Lokomotiv- und Richtungswechsel im Hauptbahnhof entfiel. Gleichwohl fuhren täglich mehrfach Züge der
wichtigen Schnellzugrelationen Ruhrgebiet–Köln–Frankfurt (–
München) den Wiesbadener Hauptbahnhof an.

Aber auch einige internationale Verbindungen wie D54/D55 Ostende–Brüssel–Köln–Wien und in Gegenrichtung D67/68 zwischen Wien und Amsterdam wechselten die Lok und die Fahrtrichtung in den Wiesbadener Gleishallen. Als Nachtschnellzüge verkehrten im Winterfahrplan 1937/38 über Wiesbaden u. a. D107/D108 zwischen München und Rotterdam, D163/164 zwischen Amsterdam und Basel oder D307/D308 zwischen Basel und Dortmund.

Die Kriegszeit überstand der Wiesbadener Hauptbahnhof vergleichsweise gut. Zum Ende des Krieges erhielten die Bahnsteighallen jedoch Bombentreffer, deren Spätschäden erst im Zuge der aktuellen Hallensanierung beseitigt wurden.

Nach 1949 Jahren trieb die neu gegründete Deutsche Bundesbahn ihr Programm zur Strecken-Elektrifizierung mit Hochdruck voran, das in der Folge das Ende des Dampfzeitalters auch in und um Wiesbaden beschleunigte.

Der elektrische Betrieb erreichte den Hauptbahnhof zum Fahrplanwechsel am 29. Mai 1960 zunächst über die Strecke von der Kaiserbrücke über Wiesbaden Ost. Es folgte am 16. Januar 1961 (andere Quellen nennen auch den 22. Dezember 1960) die Betriebsaufnahme zwischen dem Frankfurter Hauptbahnhof über Höchst unter Fahrdraht. Zum Fahrplanwechsel am 1. Oktober 1961 folgte schließlich die Strecke nach Oberlahnstein. Mehr und mehr erreichten Züge, die von den Elektrolokomotiven der Baureihen E 10 und E 41 gezogen wurden, die Wiesbadener Bahnsteighallen.

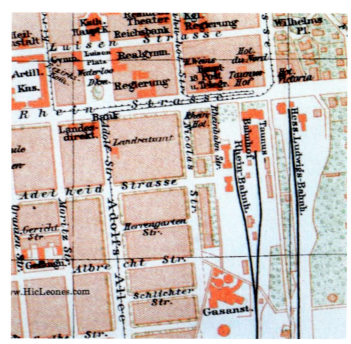

Die Situation vor dem Bau des Hauptbahnhofes: Lage des Ludwigs-, des Taunus- und des Rheinbahnhofes (v.r.n.l.) im Stadtgebiet um 1875.

In den 1960er und 1970er Jahren waren auch immer wieder die formschönen TEE-Triebzüge der Baureihe VT 11.5 (ab 1968 VT 601) – zuletzt bereits im neu eingeführten InterCity-Verkehr eingesetzt – im Hauptbahnhof anzutreffen. Berühmt war u. a. der Zuglauf IC 163 „Hessen-Kurier" von Wiesbaden über Stuttgart nach Müchen, der Ende der 1970er verkehrte. Der InterCity-

Hans Schmidt, ein Altmeister der Eisenbahnfotografie in den Wirtschaftswunderjahren, hielt am 14. Juli 1958 38 2424, eine ehemalige preußische P8 mit einem Personenzug mit seiner Kamera fest. Zu diesem Zeitpunkt sind die Gleise des Hauptbahnhofes noch nicht mit elektrischen Fahrleitungen überspannt.

Design-Star mit Kult-Status. Eine VT-601-Garnitur steht abfahrtbereit im Gleis 7 des Hauptbahnhofes. Bis Anfang der 1980er Jahre waren die ehemaligen TEE-Triebwagen im InterCity-Verkehr eingesetzt. Am 1. Juni 1978 wird der VT 601 005 als IC 163 „Hessen-Kurier" gleich den Wiesbadener Hauptbahnhof in Richtung München Hauptbahnhof verlassen.

Verkehr lag danach jedoch zunehmend in den Händen Elektrolokomotiven bespannter Züge, nicht selten befördert von den DB-Paradepferden der Baureihe E 03 (später 103).

Zwischen 1985 und 1987 verkehrte die InterCity-Linie 1 von Hamburg über Köln, Koblenz und Wiesbaden nach Frankfurt. Von 1988 bis 1991 wurde die Linie auf einzelne Zugpaare bzw. Flügelzüge begrenzt, die zwischen Wiesbaden und Mainz verkehrten, und dort Anschluss an die IC-Verbindungen der Linien 1 und 2 (München–Hamburg bzw. Stuttgart–Hamburg) hatten.

Ab 1976 nahmen in dem seit 1969 kontinuierlich ausgebauten Frankfurter S-Bahn-Netz die Elektrotriebwagen der Baureihe ET

In den 1970er Jahren ein alltägliches Bild. Die Akkumulatoren-Triebwagen der Baureihe ETA 517. Wegen ihrer markanten Form und ihrer Stationierung wurden sie liebevoll „Limburger Zigarre" genannt.

420 den Betrieb auf. Von nun an beherrschten diese zunächst steingrau-orange lackierten Züge auch das Bild im S-Bahnverkehr Wiesbadens.

Drei S-Bahnlinien beginnen heute im Wiesbadener Hauptbahnhof – seit 1995 unter dem Dach des Rhein-Main-Verkehrsverbundes. Die S1 verkehrte anfänglich von hier nach Offenbach. Nach 2003 konnte diese Linie bis nach Rödermark-Ober Roden verlängert werden. Die S8 verkehrt über Mainz Hauptbahnhof, Rüsselsheim und Frankfurt (Main) nach Offenbach Ost. Die S-Bahnlinie 9 verbindet seit 1999 Wiesbaden und Hanau über Mainz-Kastel und Offenbach.

Zum Fahrplanwechsel im Dezember 2014 übernahmen die modernen S-Bahntriebwagen der Baureihe 430 nach fast vier Jahrzehnten den Verkehr von den ET 420.

Neben den S-Bahnverbindungen des Rhein-Main-Verkehrsverbundes gibt es mit der RB 21 eine Regionalbahnlinie über die Ländchesbahn nach Limburg und mit der RB 75 eine stündliche Verbindung über die Rhein-Main-Bahn nach Aschaffenburg. An den Sommersonntagen verkehrt als RB 33 jeweils ein Zugpaar als „Nahetal Express" bis ins rheinland-pfälzische Türkismühle. Diese Linien betreibt DB Regio.

Zusätzlich zu den Zügen der DB Regio AG gehören im Jahr 2015 auch die Garnituren anderer Schienen-Verkehrs-Unternehmen zum täglichen Bild im Hauptbahnhof. Die VIA-Verkehrsgesellschaft mbH betreibt mit der Städteexpresslinie SE 10 zwischen Frankfurt (Main) Hauptbahnhof und Neuwied eine stündliche

Schlichte Schönheit. Vor dem D 506 von Basel nach Hagen wartet der Lokomotivführer der 110 139 am 18. März 1978 auf den Abfahrtsauftrag. Die dunkelblaue Lackierung entspricht dem Farbschema für elektrische Schnellzuglokomotiven der Deutschen Bundesbahn während der Wirtschaftswunderjahre.

Verbindung über den Wiesbadener Hauptbahnhof. Ebenfalls stündlich fahren Dieseltriebwagen der Vectus-Verkehrsgesellschaft Richtung Niedernhausen.

Im Fernverkehr des Jahresfahrplans 2015 verbinden Wiesbaden montags bis freitags sechs IC- oder ICE-Verbindungen über Frankfurt am Main Flughafen Fernbahnhof und Frankfurt (Main) Hauptbahnhof mit Leipzig Hauptbahnhof bzw. einigen Flügelzügen mit dem Fahrtziel Dresden. An den Wochenenden sind es fünf, in Gegenrichtung vier Verbindungen.

An Wochentagen verkehren zwei Zugpaare zwischen Wiesbaden und München oder Stuttgart Hauptbahnhof. Ein Zugpaar verbindet die Landeshauptstadt täglich mit Hamburg-Altona. Schließlich steuern montags bis freitags einige wenige ICE-3-Garnituren den Wiesbadener Hauptbahnhof auf ihrer Reise über die Neubaustrecke zwischen Köln und Frankfurt am Main an.

Die Neuordnung der ICE-Linen nach der Inbetriebnahme der Neubaustrecke Leipzig–(Halle)–Erfurt wird sich zukünftig auch auf den Anschluss Wiesbadens an das Fernverkehrsnetz der Deutschen Bahn auswirken. Die ICE-Linie 50 bietet weiterhin Züge zwischen Wiesbaden und Leipzig mit Flügelverbindungen nach Dresden. Geplant ist ab Dezember 2015 eine neue ICE-Linie 15 von Berlin über Halle, Erfurt nach Frankfurt mit Flügelzügen nach Wiesbaden.

Der InterCity und zwei neue S-Bahngarnituren ET 430 geben sich am 26. Februar 2015 an den Bahnsteiggleisen 2, 4 und 5 (v.r.n.l.) ein Stelldichein. Die sanierten Bahnsteighallen bilden die Kulisse.

Ihr Einkaufsbahnhof. Auf rund 7.000 Quadratmetern bietet der Hauptbahnhof Wiesbaden Einkaufserlebnisse, Kaffeepausen und kulinarische Genüsse.

Ihr Einkaufsbahnhof. Gute Geschäfte. Mehr erleben.

.... Christian König

Rund 16 Millionen Menschen finden sich deutschlandweit täglich an unseren Bahnhöfen ein: auf dem Weg zur Arbeit, auf der Durchreise oder einfach zum Shoppen und Schlemmen. Viele Bahnhöfe sind nicht nur Stationen, an denen Reisen starten oder enden, sondern dank der Einkaufsbahnhöfe einzigartige Orte an denen die Menschen durch ein ansprechendes Shopping-Angebot und abwechslungsreiche Aktionen abgeholt werden – so auch der Wiesbadener Hauptbahnhof.

Mit seinen 25 attraktiven Geschäften auf einer Vermarktungsfläche von rund 7.000 m² ist der Einkaufsbahnhof Wiesbaden für Pendler, Reisende und Besucher im Rhein-Main-Gebiet eine angenehme Station, um sich in vorzüglichen gastronomischen Betrieben kulinarisch verwöhnen zu lassen oder kleine Souvenirs und Geschenkartikel zu erwerben. Die Signale im Hauptbahnhof Wiesbaden stehen auf Wohlfühlen – die Lust zum Bleiben und Bummeln wächst.

So verfügt der Einkaufsbahnhof in Wiesbaden über ein beachtliches gastronomisches Angebot mit einer breit gefächerten kulinarischen Ausrichtung: Hier können Reisende direkt vor oder nach der Zugfahrt ihren kleinen sowie großen Hunger mit leckeren Snacks, heißen Gerichten oder frischen Backwaren stillen. Beim Mittagstisch in der Metzgerei, im Dönerladen oder beim Asiaten können Wartezeiten entspannt gestaltet werden oder der Vitaminhaushalt in der Saftbar dank frischer Salate,

Joghurtspeisen und Smoothies aufgetankt werden. Bei längeren Aufenthalten oder für die Abendstunden lädt die Sportsbar zum Verweilen ein. Darüber hinaus bietet der Convenience-Store in der Eingangshalle eine breite Auswahl an erfrischenden Getränken, Eis und Snacks.

Für diejenigen, die im Bahnhof, während der Zugfahrt oder gemütlich Zuhause schmökern wollen, hat der Einkaufsbahnhof eine Buchhandlung mit guten Serviceleistungen zu bieten: Pendler können hier morgens ihr gewünschtes Buch vorbestellen und abends bequem auf dem Heimweg abholen. Der Tabakshop nebenan begrüßt die Bahnhofsbesucher bereits seit 35 Jahren mit dem klassischen Angebot an Tabaksorten sowie einem Sortiment an hochwertigen Feuerzeugen und Etuis bis hin zu ausgesuchten Pfeifen und Zigarren. Im Blumenladen wird eine bunte Vielfalt an Topfpflanzen und duftenden Schnittblumen präsentiert, die nicht selten als hübsches Mitbringsel dienen. Auch Dienstleistungsunternehmen wie Reinigung, Schneiderei und sogar eine Fahrschule sind im Einkaufsbahnhof Wiesbaden zu finden und helfen gerne weiter – und das an 365 Tagen im Jahr.

Der Einkaufsbahnhof in der hessischen Landeshauptstadt ist jedoch nicht nur Shopping-Station sondern auch Erlebnisplattform für Kultur und gute Unterhaltung. Regelmäßig stattfindende Ausstellungen und Veranstaltungen erweitern den Horizont und laden Groß und Klein zum Staunen, Erleben und vor allem zum Verweilen ein. Eine kurz geplante Zwischenstation wird so nicht selten zum längeren und spannenden Aufenthalt!

Der Hauptbahnhof kurz vor der Fertigstellung. Auf dem Bahnhofsplatz finden Pflasterarbeiten statt (oben).

Eine schöne Ansicht aus dem Album „Wiesbaden und Umgebung" von 1910. Links angeschnitten am Bildrand das Gebäude der Spedition Adrian.

Der Taunusbahn-
hof während des
Abbruches der
alten Bahnanla-
gen um 1907/08
(oben). Der neue
Hauptbahnhof ist
im Hintergrund gut
zu erkennen. Spä-
ter entstanden auf
den weitläufigen
Flächen von Lud-
wigs-, Taunus- und
Rheinbahnhof die
Herbert- und die
Reisinger-Anlagen.

Der Taunusbahnhof
in einer Ansicht
aus Betriebszeiten
(links).

Verlegung von Rohrleitungen durch die Bauarbeiter
eines Bierstadter Maurer-Betriebs auf dem Areal der
späteren Reisinger-Anlage. Dieses schöne Zeitdokument
entstand vor 1933 und stammt aus der Fotosammlung
Bernd Mai (oben).

Die unterirdische Verlegung des Salzbachkanals.
Der Fotograf Bethauser hielt die Arbeiten zum Bau des
Salzbachkanals im Jahr 1902 fest. Wie stets in jenen
Jahren blicken alle Anwesenden in die Kamera.

Der Hauptbahnhof als Postkartenmotiv. Nach seiner feierlichen Eröffnung fand der Hauptbahnhof viel Beachtung. Die Vielfalt der unterschiedlichen Postkartenmotive spricht für sich selbst. Die drei Ansichten auf dieser Seite entstanden unmittelbar nach der Eröffnung und gehören zu einer ganzen Serie unterschiedlicher Einstellungen.

Wiesbaden   Der neue Hauptbahnhof   Vestibul u. Schalterhalle

Wiesbaden   Der neue Hauptbahnhof   Haupthalle nach Osten

Wiesbaden   Der neue Hauptbahnhof   Die Hallen

Retuschierte und kolorierte Postkartenmotive entsprachen dem Geschmack der Zeit. Die etwas sterile Aufgeräumtheit des Bahnhofsumfeldes ist dieser Tatsache geschuldet, wie die Bewegungsunschärfe als Folge der langen Belichtungszeiten (rechte Seite).

Wiesbaden. Hauptbahnhof.

Wiesbaden   Hauptbahnhof

Ein kurzes Kapitel – der Hauptbahnhof und die Straßenbahn. Nach drei gescheiterten Versuchen bis 1872 erhielt „The Wiesbaden Tramway Company" die Konzession zum Bau und Betrieb einer Pferdestraßenbahn. Die 1875 errichtete Linie war drei Kilometer lang und verband die Rheinstraße über die drei alten Bahnhöfe mit dem Kurhaus, um schließlich ihr Ziel Nerotal zu erreichen. Schon 1878 drohte erstmalig die Stilllegung aus wirtschaftlichen Gründen. Unterschiedliche Eigentümer und deren Planungen – bis hin zum Umbau zu einer städtischen Dampfbahn – führten zu keiner Verbesserung. 1896 begann das Kapitel des elektrischen Straßenbahnbetriebes. Bis 1907 wuchs das Netz auf eine Länge von 42 Kilometer an. Die Wiesbadener konnten nun nach Biebrich, Dotzheim, Erbenheim, Kastel oder Mainz fahren. Im Jahr 1914 hatte das Netz seine größte Ausdehnung auf fünf Linien, die allesamt ihren Verkehrsknotenpunkt vor dem neuen Hauptbahnhof hatten. Die Süddeutsche Eisenbahn-Gesellschaft (SEG) als Konzessionärin der Straßenbahn blockierte nach dem Ersten Weltkrieg die dringend notwendigen Investitionen und Netz-Erweiterungen. Die Stadt Wiesbaden strebte die Übernahme der bis 30. März 1929 befristeten Konzession von der SEG an. Dazu sollte eine gemeinsame Aktiengesellschaft zum Betrieb der Wiesbadener und Darmstädter Straßenbahn gegründet werden, was aus finanziellen Gründen scheiterte.

I IX	VI II VII	III V	IV VIII	
1	Beausite	Sonnenberg	Unt. d. Eichen	Unt. d. Eichen †	1
2	Röderstrasse	Dietenmühle	Weg nach d. Waldhäuschen	—	2
3	Kochbrunnen	—	Lahnstrasse	—	3
4	Bahnhöfe-Luisenplatz				4
5	Wiesbad. Rondel				5
1	Adolfshöhe	Bahnhöfe	Mainzer Str. 34	Bahnhöfe †	1
2	Biebrich Schlossp.	Langenbeckpl.	Schlachthof	—	2
3	Biebrich Rathaus	—	Elektrizitätswerk	—	3
4	Biebrich Dampferlandepl.	—			4
5	Amöneburg	—			5
2	Kastel Wiesb.-St.				2
4	Mainz Brückenpl				4
A	Biebrich Aussichtsturm-Kaiserbr.	—	Unt. den Eichen † / Infant.-Kaserne		A

20 Pf 36474

† Nur für direkte durchgehende Wagen nach Unter den Eichen.

Wiesbaden Rondel – Biebrich Rheinh.	Biebrich Rheinh. – Wiesbaden Rondel
Biebrich Aussichtst. – Schierstein Krieger-Denkmal	Schierstein Krieger-Denkmal – Biebrich Aussichtst.
Schierstein Krieger-Denkmal – Kaiserbrücke	Kaiserbrücke – Schierstein Krieger-Denkmal
Biebrich Rheinh. – Kastel Wiesb.-Str.	Kastel Wiesb.-Str. – Biebrich Rheinh.

Die Stadt Wiesbaden entschloss sich zur Umstellung des öffentlichen Stadtverkehrs auf Buslinien. 1952 existierten noch zwei Linien von der Hauptpost über den Hauptbahnhof zum Mainzer Hauptbahnhof (Linie 6) und von der Hauptpost über den Hauptbahnhof zur Armenruhstraße (Linie 8). 1955 wurden auch diese beiden Linien eingestellt. Wiesbaden war damit die erste deutsche Großstadt, die den Straßenbahnverkehr zu Gunsten des Autobusses aufgab. Die Fotoaufnahmen auf dieser Doppelseite zeigen den Straßenbahnbetrieb auf dem Bahnhofsplatz in den Zwischenkriegsjahren. Die mit offenen Perrons gelieferten zweiachsigen Triebwagen der 200er Betriebsnummern erhielten so genannte Kurbel-Verglasungen an den Stirnseiten, damit der Fahrer nicht Wind und Wetter ausgesetzt war. Ein Fahrschein der Klasse C4 bildet zahlreiche mögliche Fahrziele ab – und der Tierschutzverein mahnt die Bürger auf der Rückseite, auf ihre Hunde Acht zu geben (Seite 40 unten rechts).

Alltag während des Ersten Weltkrieges. Der Blick in die Verwundeten-Baracke am Hauptbahnhof im ersten Kriegsjahr 1914. Dem Wiesbadener Lichtbildner August Müller ist die Fotoaufnahme zu verdanken (oben).

Ein Traktor der dem Hauptbahnhof jahrzehntelang benachbarten Spedition Adrian zieht eine fast 3,5 Tonnen schwere Versandkiste mit Ziel Riga auf einem Anhänger. Der Fotograf Krameyer hielt diese schöne Szene im Jahr 1932 bei der Reisinger-Anlage mit seiner Kamera fest. Das Unternehmen Adrian ist seit 1864 bis in die Gegenwart in Wiesbaden tätig und wurde 1914 Hofspediteur des Kaisers (unten).

Szenen aus den Jahren des Zweiten Weltkrieges. Die nationalsozialistische Propaganda sorgte an der Heimatfront für beeindruckende Szenarien. So präsentiert sich der illuminierte Hauptbahnhof auf dieser Bildpostkarte mit der zeitgenössischen Beflaggung (rechts).

Mit Pomp und militärischen Ehren werden 1940 die Rückkehrer aus dem Frankreich-Feldzug am Hauptbahnhof gefeiert. Noch ahnt niemand, dass sich die Ereignisse in den Folgejahren ins Gegenteil verkehren werden (unten).

Wiesbaden. Hauptbahnhof, Nachtaufnahme

1962

Blick nach Norden über den Hauptbahnhof hinweg auf Wiesbaden. An die Friedrich-Ebert-Allee mit den Herbert-Anlagen (rechts) schließt sich in der Bildmitte die Reisinger-Anlage und die Adolfsallee an. Unten rechts im Bild die Gebäude der Spedition Adrian. Die Dächer der Bahnsteighallen werden gerade neu eingedeckt. Die Dachlaternen sind noch unverglast. Die Aufnahme entstand im Zuge einer Befliegung durch die Frankfurter Hero-Lux oHG nach 1955. Die Straßenbahn ist bereits aus dem Stadtbild verschwunden. Im Vergleich zu anderen deutschen Großstädten ist die geringe Zahl kriegszerstörter Gebäude durchaus bemerkenswert.

Einen Frühlingsmorgen am Hauptbahnhof hat der Fotograf Hans Espert im Jahr 1950 in Szene gesetzt (oben).

Der Blick vom Dach des Hauptbahnhofes auf die Einmündung der Bahnhofstraße in die Adolfsallee stammt vom selben Lichtbildner, jedoch aus den 1960er Jahren. Auffällig ist die kunstvolle Pflasterung des Mittelstreifens mit einem Willkommensgruß (rechts).

Erholung vor der Kulisse des Hauptbahnhofes. Damals wie heute ist die Reisinger-Anlage ein beliebter Treffpunkt für Jung und Alt. Junge Mütter mit ihren Kindern hat der Wiesbadener Stadtfotograf Joachim B. Weber im Jahr 1965 auf Film gebannt (oben).

Warten auf die Idole. Junge Fans erwarten 1954 die Hauptdarsteller des Films „Das doppelte Lottchen" an der Bahnsteigsperre (links).

Die Personenunterführung im Bau hielt um 1962 der Fotograf Ludwig Herbst fest (oben). Blick in die Achse der Adolfsallee hin zum Bahnhofsplatz um das Jahr 1960 (rechts).

Nach der Umgestaltung des Bahnhofsplatzes mit der Einmündung der Bahnhofsstraße in die Adolfsallee gelang dem Stadtfotografen Joachim B. Weber in der zweiten Hälfte der 1960er Jahre diese belebte Aufnahme. Gut zu erkennen ist einer der Zugänge zur neuen Personenunterführung (rechts).

Drei Preußinnen in der hessischen Landeshauptstadt. Zwischen einer Dampflokomotive der Baureihe 93.1 (eine ehemalige preußische T 16.1, links) und der 38 2424 (ehemals preußische P8, rechts), wartet im Gleis 8 39 011 (ehemals preußische P 10) am 14. Juli 1958 auf den Abfahrtsauftrag. Noch regiert die Dampftraktion im Hauptbahnhof. Das ändert sich rasch zu Beginn der 1960er Jahre mit der Elektrifizierung der von Süden, Westen und Osten auf Wiesbaden zulaufenden Strecken.

Ende der 1970er Jahre gehören elektrische Lokomotiven bereits mehr als anderthalb Jahrzehnte zum täglichen Bild im Hauptbahnhof. Am 30. März 1978 wird die Mehrsystem-Lokomotive 181 207 in wenigen Minuten mit dem Eilzug 2054 in Richtung Luxemburg abfahren. Der Zugführer füllt nach erfolgter Bremsprobe den Bremszettel aus. Mehrsystem-Lokomotiven gewährleisten den Zuglauf bis ins Nachbarland mit anderer Fahrleitungsspannung ohne Lokomotivwechsel.

Im Morgenlicht verlässt am 5. Juli 1979 112 502 mit dem Eilzug 2459 den Hauptbahnhof. Die als „Bügelfalten" bezeichneten Lokomotiven waren lange vor höherwertigen Leistungen anzutreffen – so zum Beispiel im TEE-Verkehr. Davon zeugt auch die für diese Zuggattung charakteristische Lackierung.

Ein schönes Zeit-
dokument gelang dem
Eisenbahn-Fotografen
Hans Schmidt am 14. Juli
1958 mit der Aufnahme
des Akkumulatoren-Steu-
erwagens ESA 150 053 in
der Bahnsteighalle. Das
Fahrzeug ist gekuppelt
mit dem Akkumulatoren-
Triebwagen ETA 150 134.
Seinerzeit sind beide
Wagen beheimatet beim
Betriebswerk Worms.
Durch die noch nicht
wieder verglasten Dach-
laternen der
Bahnsteighalle beleuch-
tet die Mittagssonne
Fahrzeug und Bahnsteig
gleichermaßen.

Die Baureihe 103, erste Exemplare wurden 1968 noch als E 03 ausgeliefert,
galt als die IC-Lokomotive schlechthin. Durch ihr ansprechendes Äußeres
wurde sie beim Publikum viel beachtet. In der Mittagssonne des 14. April
1980 begegnen sich 103 109 mit dem InterCity 526 im Gleis 4 und 103 111 mit
dem InterCity 525 im Gleis 5.

Am 28. November 1981 begingen die Wiesbadener Bürger und Eisenbahner
das 75. Jubiläum des Hauptbahnhofes. Anlässlich des Tages der offenen Tür
gab die Deutsche Bundesbahn in Zusammenarbeit mit der Deutschen Bun-
despost eine Postkarte mit Sonderstempel heraus. Das Motiv der 10-Pfennig-
Marke zeigte zum Thema passend einen ET 420, der seinerzeit bereits einige
Jahre das tägliche Bild des S-Bahn-Betriebes im Hauptbahnhof prägte.

Die Bahnsteighallen vor der Sanierung. Die Aufnahmen dieser Doppelseite zeigen einige Ausschnitte aus dem Betriebsablauf des Hauptbahnhofes im April 2008. Die sanierungsbedürftigen Windschürzen und Hallen-Dächer bescheren dem Reisenden einen etwas düsteren Eindruck. Einen Kontrapunkt bildet die moderne Beschilderung und das Verkehrsrot der Schienenfahrzeuge.

Mit dem „Willkommens-Mann" als Möblierung auf dem ICE-Bahnsteig Gleis 4/5 gibt es am 10. April 2008 durchaus noch Anleihen an die späte Bundesbahn-Ära (oben).

Seit 2004 verkehren auf der Ländchesbahn nach Niedernhausen LINT-Dieseltriebwagen der Vectus Verkehrsgesell-schaft mbH (rechts).

Blick von Südwesten auf die Hallenschürzen. Am 10. April 2010 steht die Sanierung der Hallendächer unmittelbar bevor.

Im Innern der Bahnsteighallen ist die Sanierung der Hallenstützen im August 2010 in vollem Gang. Die Stützenköpfe werden gestrahlt, etwaige Fehlstellen mit Blechen verstärkt und ein Korrosionsschutzanstrich aufgebracht. Abschließend wurden sie – wie der gesamte Stahlbau – mit einem Endanstrich versehen.

Das Foto Seite 52 links unten zeigt einen Stützenkopf im Zustand vor der Sanierung, das Foto rechts einen gestrahlten Stützenkopf im Hallenschiff 4. Auf dem Foto Seite 53 unten hebt sich das Oberteil einer sanierten und mit einem Korrosionsschutzanstrich versehenen Stütze von der noch nicht sanierten Hallenumgebung deutlich ab.

Die Vergleichsansicht von Südosten. Die Reinigung und die Erneuerung an der östlichen Außenwand des Hallenschiffes 1 hat bereits begonnen.

Schwerer Stahlbau im Hallenschiff 5. Am 25. März 2011 ist das alte Dach bereits demontiert, nun werden die Pfetten ausgebaut (links).

Mit großer Sorgfalt brennen die Stahlbauer die Pfetten aus der Konstruktion (rechts).

Zur Erhaltung der alten Abstandsmaße zwischen den Bogen-bindern werden am Boden eigens nach Maß gefertigte Träger gebohrt und in der Folge zur Sicherung der alten Maße temporär montiert (unten rechts).

Abbrucharbeiten am Hallenschiff 5 aus der Vogelperspektive (links). Am 25. März 2011 werden die alten Pfetten ausgebaut. Über dem benachbarten Hallenschiff 4 am oberen Bildrand befindet sich die Dachlaterne in Demontage. Die roten Traverständer gewährleisten auch nach dem Ausbau der Pfetten die Abstandsmaße. Die verbleibenden Bogenbinder verschmelzen mit den zahllosen Verstrebungen der Gerüste zu einer Einheit (unten).

Am 3. April 2012 wird die sanierte Stahlkonstruktion der Halle 3 neu eingedeckt (rechts). Gut zu erkennen sind die bereits aufgesetzten neuen, aber noch unverglasten Dachlaternen.

Seite 58 und 59: Der Bausachstand aus jeweils ähnlichen Positionen über den Halleschiffen 5 und 4 (von links nach rechts) am 25. März 2011 (Fotos oben) und 5. Oktober 2011 (Fotos unten).

Auf der Arbeitsplatt-
form. Am 4. März
2013 sind die
Arbeiten über dem
Hallenschiff 1 bereits
weit fortgeschritten.
Detailansicht eines
sanierten Bogenbin-
ders (links).

Während unter der
Arbeitsplattform die
S-Bahn verkehrt,
werden oben die
Bogenbinder saniert.
Zum Sandstrahlen
ist eine mit Planen
verkleidete Gerüst-
konstruktion im
Einsatz, die mittels
Turmdrehkran in
Position gebracht
wird (oben).

Die Bogenbinder
blieben erhalten. Die
Zugstangen wurden
durch Neukon-
struktionen ersetzt
(rechts).

Licht, Schatten, Verhüllungen. Die Amatuerfotografin und Bahnreisende Hildegard Stephan schuf die Bilder auf dieser Doppelseite. Im Zuge ihrer nahezu täglichen Besuche auf der Bahnhofsbaustelle entstanden zwischen 2010 und 2013 zahlreiche gleichermaßen ungewöhnliche wie ästhetische Fotografien.

Die Fotografin sieht ihre Arbeiten als Bilddokumente zur „Poesie des Ortes" und der „Ästhetik des zufälligen Arrangements". Die Motive bezeichnet sie auch als „gefundenes Glück".

Anschauliche Beispiele. Zwei Ansichten vom Tragwerk und von der Dachkonstruktion der Bahnsteighallen in einer Diagonalansicht über den Bahnsteig Gleis 8/9 hinweg machen den Unterschied vor der Sanierung (unten, im April 2010) und nach der Sanierung (oben, im März 2013) deutlich.

Hell und freundlich präsentiert sich das Hallenschiff 4 nach dem Abschluss der Sanierungsarbeiten (oben, im März 2013). Die neuen Laternenkonstruktionen mit Doppelscheibenverglasung tragen dazu ebenso bei, wie die neu eingedeckten Dächer. Rechts der Zustand 2010, kurz vor Beginn der Baumaßnahmen.

Am 16. Juli 2013 verlässt eine ICE-T-Doppeleinheit den Hauptbahnhof auf Gleis 5 (links). Die Kulisse bilden die sanierten Hallenschürzen und der blaue Himmel.

Oben: Die Gleise in den frisch sanierten Bahnsteighallen 2 und 3 sind am Mittag des 16. Juli 2013 belegt. Zwischen zwei S-Bahn-Triebwagen der Baureihen ET 423 nach Rödermark-Ober Roden (links) und ET 420 nach Offenbach Ost (rechts) ist soeben eine ICE-T-Garnitur eingefahren.

Seite 68/69: Die Stirnseiten der Hallenschiffe 5 und 4 nach der Fertigstellung. Die Windschürzen sind neu verglast, die Niete der erhalten gebliebenen historischen Bausubstanz kommen mit dem neuen Hallen-Anstrich besonders gut zur Geltung.

Seite 70/71: Die fertig gestellten Hallen in einer Ansicht aus der Vogelperspektive im September 2013.

Seite 72/73: Die Querbahnsteighalle nach erfolgter Sanierung im Jahr 2008.

Seite 74/75: Ein S-Bahn-Triebwagen verlässt am 19. September 2013 unter den sanierten Hallenschürzen den Hauptbahnhof.

Ihr Einkaufsbahnhof: Vielfalt im Hauptbahnhof Wiesbaden in stilvoller Umgebung. Ob im Hauptvestibül (Seite 76 oben) oder in der Querbahnsteighalle (oben) finden täglich bis zu 35.000 Reisende und Bahnhofsbesucher auf rund 7.000 Quadratmetern Fläche Shops und Gastronomie.

Der Fahrradbahnsteig im ehemaligen Gleis 11 bietet Platz für hunderte Fahrräder der Pendler (oben). ICE-T, Symbol schnellen Reisens in der Abend-dämmerung (unten) und neues Gesicht im S-Bahn-Verkehr. Der ET 430 vor historischer Kulisse (rechts, am 12. März 2015).

Das aufwendig gestaltete, außen in rotem Sandstein gehaltene Empfangsgebäude ist bis in die Gegenwart eine Augenweide (rechts).

Besonders aufällig die „Mönch-Nonnen-Ziegeldeckung" der Dächer. Die erhabenen „Mönche" sind dabei grün glasiert, die „Nonnen" naturrot gehalten (oben). Der Uhrturm, weithin sichtbar, und das Wahrzeichen des Hauptbahnhofes.

Der Zierrat ist üppig: Mit Figuren und allegorischen Darstellungen wie das von Drachen getriebene Flügelrad als Symbol für die Eisenbahn (links).

Der Uhrturm als Wahrzeichen des Hauptbahnhofes und das Hauptvestibül in der blauen Stunde (links). Erhaltenswertes und das Symbol moderner Mobilität in Detailansicht (oben).

Seite 84/85: Der Bahnbetrieb in den sanierten Bahnsteighallen im September 2013.

Seite 86/87: Eines der historischen Emaille-Schilder an der Stirnseite der Halle 2 spiegelt sich in den Fenstern eines InterCity-Waggons.

Seite 88/89: Der Schmuckgiebel des Osteingangs im Morgenlicht (2008).

Seite 90/91: Blaue Stunde über dem Hautbahnhof am 12. März 2015.

Seite 92/93: Der Einkaufsbahnhof unter den sanierten Querbahnsteig- und Bahnsteighallen nach der Sanierung.

Seite 94/95: Hauptberufszeit am 12. März 2015. Der S-Bahn-Verkehr wird seit Dezember 2014 von den neuen ET 430 getragen.

Wiener Feinbäcker

Snacks

6   6

DB

8-10 →
Lilien-Carré

Ausgang West →
exit west, Sortie ouest
Biebricher Allee

WC P →

← 1-5

← ReiseZentrum
travel centre, centre de voyage

← Ausgang Ost
exit east, sortie est

← Ausgang City
exit city, sortie cité

← Gustav-Stresemann-Ring

←

Impressum

Herausgegeben von
VBN Verlag Bernd Neddermeyer GmbH
in Kooperation mit DB Station&Service AG
Europaplatz 1, 10557 Berlin

ISBN 978-3-941712-45-4

Konzept/Redaktion
Martin Libutzki/Christian Bedeschinski

Satz/Layout/Bildbearbeitung
Christian Bedeschinski/Bernd Neddermeyer

Lektorat
Carolin Bolle/Erwin Blau/Michael Weinland

Bildnachweis
Archiv Richard Aschberger: Seite 21 (3), 22 oben, 22 unten links, 23 unten links.
Christian Bedeschinski: Titel, Vor-/Nachsatz, Seite 4, 6, 8, 10, 12, 22 unten rechts, 23 unten rechts, 24, 25, 26(2), 27, 28(2), 29, 33 unten, 34, 50(2), 51(2), 52(3), 53(2), 54,55(2),56(2), 57, 58(2), 59(2), 60, 61(2), 66/67, 68/69, 70/71, 72/73, 74/75, 76(2), 77(2), 78(2), 79, 80(2), 81, 82, 83, 84/85, 86/87, 88/89, 90/91, 92/93, 94/95, Umschlag Rückseite.
Archiv Bernhard Hager: Seite 17(2)
Heimatmuseum Bierstadt, Sammlung Mai: Seite 37 oben.
Sammlung Sigurd Hilkenbach: Seite 40(2), 41(3).
Archiv Bernd Neddermeyer: 19 oben, 31 oben, 32 oben, 40 oben, 43 oben, 49 unten.
Deutsche Bahn AG: Seite 9
DB Station&Service AG: Seite 5, 11, 13, 20, 23 oben.
Hildegard Stephan: Seite 62(3), 63(3).
Günter Tscharn: Seite 32(2), 33 oben, 48 Mitte, 48 unten 49 Mitte.
Hans Schmidt, Sammlung Hansjürgen Wenzel: Seite 31 unten, 48 oben, 49 oben.
Stadtarchiv Wiesbaden: Seite 14, 15, 16, 18, 19 unten, 30, 35(2), 36(2), 37 unten, 38(3), 39(2), 40 oben, 42 oben, 43 unten, 45 oben, 46 unten, 47 oben rechts.
Stadtarchiv Wiesbaden, Foto Hans Espert: Seite 45 oben.
Hessisches Hauptstaatsarchiv Wiesbaden, Foto Rudolph: Seite 46 unten, Foto Ludwig Herbst: Seite 47 oben links.
Stadtarchiv Wiesbaden, Hero-Lux-Luftbild: Seite 44.
Stadtarchiv Wiesbaden, Foto Krameyer: Seite 42 unten.
Stadtarchiv Wiesbaden, Foto Joachim B. Weber: Seite 46 oben, 47 unten.
Stadt Wiesbaden: Seite 7.

Literaturnachweis

Cornelius, C.: Das neue Empfangsgebäude auf dem Hauptbahnhof in Wiesbaden. In: Zeitschrift für Bauwesen, Jg. LVIII, 1908, S. 27-48.

Everken: Die neuen Bahnhofsanlagen in und bei Wiesbaden. In: Zentralblatt der Bauverwaltung, XXVI. Jg., 1906, S. 580-583.

Hager, Bernhard: Im Frieden wie im Kriege (100 Jahre Umgehungsbahn Mainz). In: Eisenbahn-Geschichte, Nr. 5, 2004, S. 50-56.

Hager, Bernhard: „Ein Prachtbau, und ein moderner". 100 Jahre Hauptbahnhof Wiesbaden. In: Jahrbuch für Eisenbahngeschichte, Bd. 38. Hövelhof 2006, S. 5-24.

Hager, Bernhard: Bahnhöfe. In: Stadtlexikon Wiesbaden. Wiesbaden 2013 (http://www.wiesbaden.de/microsite/stadtlexikon/a-z/Bahnhoefe.php)

Hager, Bernhard: Hauptbahnhof. In: Stadtlexikon Wiesbaden. Wiesbaden 2013 (http://www.wiesbaden.de/microsite/stadtlexikon/a-z/Hauptbahnhof.php)

Kiesow, Gottfried: Das verkannte Jahrhundert. Der Historismus am Beispiel Wiesbaden. Bonn 2005.

Klingholz, Fritz: Fritz Klingholz – ein deutscher Bahnhofsarchitekt an der Wende vom 19. zum 20. Jahrhundert. In: Jahrbuch für Eisenbahngeschichte, Bd. 43. Hövelhof 2011, S. 99-108.

Kopp, Klaus: Langenschwalbacher Bahn (Aartalbahn). Zur Geschichte der berühmten Bäderbahn des Nassauer Landes (= Schriften des Heimat- und Verschönerungsvereins Dotzheim, Nr. 16). Wiesbaden 1994.

Krings, Ulrich: Bahnhofsarchitektur. Deutsche Großstadtbahnhöfe des Historismus (= Studien zur Kunst des 19. Jahrhunderts, Bd. 46). München 1985.

Oder, Moritz: Anordnung der Bahnhöfe (= Handbuch der Ingenieurwissenschaften, 5. T.: Der Eisenbahnbau, 4. Bd.). Leipzig, Berlin 1914.

Kursbücher der Deutschen Bundesbahn, Ausgaben Sommer 1961, Winter 1961/62, Winter 1977/78, Sommer 1978

Dank für die Hilfe zum guten Gelingen dieses Buches an: Erwin Blau, Carolin Bolle (UGW Communication), Georg Habs (Stadtarchiv Wiesbaden), Sigurd Hilkenbach, Martin Libutzki, Günter Tscharn, Michael Weinland, Hansjürgen Wenzel, Ursula Zimmermann.